なぜ支店長は飛ばされたのか
「半沢直樹のモデル」と噂の元銀行マンの告白
加藤直樹
廣済堂出版

なぜ支店長は飛ばされたのか――目次

目次

銀行員の定年は四十歳?
あの人は今……

本作品は事実に基づいて書かれていますが、
登場する著者周辺の人物名は、すべて仮名です。

序章

小説より奇なる銀行の世界

テレビドラマ『半沢直樹』の大ヒットによって、俄然、注目されるようになった「銀行」という世界――。

もちろん、あのストーリーは小説をもとに制作されたテレビドラマの世界であり、表からは見えない「銀行」の裏側を、大げさに描いたものだと皆さんは思うかもしれない。

「はい、あれはフィクションで、実際はそこまで……」と、元金融業界の第一線で働いてきた僕も、そう言いたいところだが、必ずしも、そうとも言えない。たしかに、よく調べてあって、多くの銀行員から見て、「あるある」だった部分は、なるほど感じられた。

しかし、残念ながら、実際の「銀行」の内部は、あんなものではない――。

現実の「銀行」の内部は、続編が放送されるあの人気テレビドラマ『半沢直樹』よりも、はるかに壮絶で陰惨な世界だと言ったら、皆さんは驚くだろうか。まさに、「事実は小説より奇なり」なのである。

死屍累々――。死体がたくさん積み重なっている様。

今、振り返ってみても、僕の周りは「銀行」によって「志」を殺された同期入行の仲間たちの屍の山であった。

そうなのだ。僕の周りにも、『半沢直樹』の登場人物である渡真利忍がいた。近藤直弼も、時枝孝弘もいた。だが、みんな四十代という若さで、転籍出向という手段によって、銀行員でなくなった。そして、頑張ったこの僕も、あと少しで役員というところで飛んだ……。

では、現実の「銀行」というところが、どれほど凄まじい世界なのか、僕が三十年間にわたって見てきた「銀行」という名の伏魔殿を、今からご案内しよう。

最後尾からのスタート

そう、あれは昭和50年代のことだから、今から四十数年も前のことになる。

その年、日本を代表するメガバンク、M銀行に入行した僕の同期は、百五十人きっちりだった。まだ、各銀行による大合併前だったし、ましてバブルが起こる少し前だから、新入行員の数も今と比べても、はるかに少ないものだった。

読み進めていってもらえばわかることだが、僕が入行したのはメガバンクグループの中で、「都市銀行」と呼ばれる金融機関であるとだけ言っておこう。実名を出しても僕は構わないが、この本の登場人物にはまだ現役の方がいらっしゃる（もちろん全員仮名にしてあるが）ので、そこはご勘弁いただきたい。もっとも、経歴などはほぼ事実を書くので、わかる人にはわかるはずである。

僕がM銀行を選んだ理由は、たいしたことではない。大学三年の終わりの春休み、たまたま大学に遊びに来ていた体育会の大先輩が何気なく「ひとりなら、うちの銀行の推薦の枠があるぞ」と教えてくれたので、これ幸いとお願いしたまでだ。

あとでわかったのだが、僕が卒業した大学はM銀行では一応、学校推薦をもらって入社試験を受けることが可能な最低レベルの大学だった。だから、面接まで行った時に「へえ、うちに君の大学の卒業生がいたか？」と言われたが、先輩が僕を推薦してくれたのだから、卒業生が皆無なわけはない。

そうしたなかで、なんとか僕は受かった。理由は、いまだにわからない。きっと、全日本選手権に出場できるレベルの体育会系行員をひとりぐらい採用して、知力より体力重視の人材を新たに求めようとしたのかもしれない。

実は、僕は剣道の世界では当時かなり知られていた。学生剣道大会、国体はもちろん、社会人を含めた全国大会の個人戦で活躍した選手だったからだ。

そうなのだ、半沢直樹も剣道部員だった。しかも僕の名前が直樹（加藤というのはペンネームだが）。それもあって、あの当時、「『半沢直樹』のモデルはお前だろう」というメールや電話を何本ももらった。

まさかとは思うが、ひょっとしたらそうかもしれない、という根拠がないわけではない。名前が同じだということではなく、某大手出版社に所属し、今でもお付き合いがある大学の剣道の先輩が『半沢直樹』の原作者と懇意だと耳にしたことがあったからだ。

それはさておき、入行の同期は東大、京大、一橋、東北大、大阪大学、九州大学など国立系のいわゆる秀才が圧倒的に多く、私立は早稲田、慶応がほとんど、あとは立教、中央、青学……。だから、僕の出た大学（今の時代のさる偉いお方もお出になった大学なので、学校名を明かすとその人も貶《おとし》めることになってしまう）なんて、バカ同然の扱いを受けた。ひどいもんだ。

ともあれ、そうした仲間百五十人が、一斉に入社式に集まった。

僕の大好きな競馬にたとえれば、この入社式の日が、同期の出世レースのゲートインの日であった。それこそ、鼻息を荒くして、スタートダッシュを決めようと意気込んでいる地方馬もいれば、悠々とまわりを眺めている毛並みのいいサラブレッドもいる。

僕はと言えば、この入社式の日がまさか、これから始まる「出世レース」の初日だとすら気がつかないほどの駄馬であった。

もちろん、それまでまともに調教されたこともなければ、どこがゴールかも知る由もない。

ただ、ゲートが開いたら、どこまでもまっすぐ駆け抜ければいいとぐらいにしか思っていなかった。なにしろ、当時の僕は、銀行の業務の内容も知らなければ、将来の目標もなかったのだから。

あとでわかったことだが、競馬にオッズというものがあるように、実は、僕が入社したM銀行の人事課の出馬表には、驚いたことに、この年の百五十人の新入行員の区分が、すでに決められていたのである。

つまり、入社した段階でランキングがなされ、同期のなかで、将来のM銀行を背負って立つ役員候補生は、ランキング一番から十番までの中から選ばれ、彼らは、ほかの百四十人とはまったく別に、特別枠の徹底した帝王教育を新入行員の時から受けることになっていたのだ。

今にして思えば、その時の僕のゼッケンは、出馬した同期の百五十人中百五十番であったのは間違いなかった。一番から十番が将来の役員候補生なら、あの時の僕は、M銀行にとって、いったい将来の何の候補生だったのだろう。

そんな僕が、それから三十数年後、出世レースで最終コーナーをトップに並び、ゴール前で叩き合ったのだから、同期のゼッケン一番のヤツはさぞ驚いたことだろう。予想だにしなかったノンエリートのダークホースが大外から一気に駆け上がり、みるみる自分に迫ってきたのだから。

そのことはあとでまたゆっくり書くとして、ともあれあの時、自分が同期のなかでビリだということを何も知らされていない僕は、入社式を終えると、それでも他のサラブレッドにまじって、長く過酷な、果てしない陰謀渦巻く出世レースへと最後尾から果敢、いや無謀にも飛び出していったのである。

「お前は、とにかく金を集めてくれればいい」

僕の最初の配属先は、上野駅にほど近い、M銀行上野支店だった。

配属されたその日、早朝、支店に行った。開店一時間前だったが、すでに支店長と次長は来ていた。まず、次長に挨拶し、次長に連れられて支店長室のドアを開けた。

「失礼します。本日付で配属になりました加藤直樹です。よろしくお願いします」

「ああ、君が加藤君か。よろしく」

簡単にいなされた。

今思えば、僕がゼッケン百五十番どうしようもない駄馬であることを支店長はすでに知っていたにちがいない。なぜなら、支店長は新聞を読んだまま、一瞬、チラッと僕を見ただけだったからである。この分では、翌日行内ですれちがい、僕が挨拶をしても「君は誰だったっけ？」

と言うに決まっていた。

まったく期待されない駄馬が嘶《いなな》いてもしかたがないが、（へえ、支店長って、結構、威張ってるんだ）ということだけはわかった。

僕は、支店長に挨拶し終わると、次に次長のあとをついて、支店内の各部を回った。

だが、どこでもあまり反応はなかった。そりゃあそうだ。これで僕が東大を出たイケメンの新入行員だったらちがっただろうが、女子行員を含めたその無関心さからみても、僕の出来の悪さは、すでに支店じゅうに知れ渡っていたようであった。

一週間があっと言う間に経った。

僕は正式に上野支店の営業部に配属になった。仕事は、いわゆる「外回り」である。

伝票処理などの事務の仕事にまったく向いてない僕にとっては、渡りに舟だった。

担当は、足立区。東京に詳しくない方はおわかりにならないと思うが、東京都足立区というところは、隅田川と荒川に挟まれた地域で、銀座や日本橋のある中央区や最近、発展が目覚しい品川区、港区などと比べると、昔からかなり庶民的な地域で、倉庫や工場を持つ中小企業の多いところだ。代表的な町は、北千住、西新井、竹ノ塚、綾瀬といったエリアである。

営業部に配属になった僕は古いカローラを一台与えられ、それを運転しながら、外回りをすることになった。後部座席には、粗品が山ほど積んである。

　助手席には先輩が乗ってくる。今では考えられないが、与えられた車にはクーラーもなかったから、夏は大変だった。運転する時、上着を脱ごうものなら、「バカヤロー！　銀行員は上着を脱がないんだよ。ネクタイをゆるめるな！」などと先輩から怒鳴られ、汗だくで運転した。後部座席の粗品は挨拶回りに使うもので、ティッシュやタオル、家庭用品など、その時その時でさまざまであった。

　仕事は路地から路地を回っての、飛び込みである。

「こんにちは。M銀行上野支店からきました加藤と申します。定期預金をお願いできないでしょうか」

「お金なんか、あるわけないでしょ」

「五万円で結構なんです。ご主人、ボーナス出たんじゃないですか。奥さん、定期預金にしておくと、いざという時に役に立ちますよ」

「今、忙しいから帰って！」

「じゃあ、すみません。これ、粗品ですけど、お近づきの印です。またお邪魔しますので、よろしくお願いします。M銀行の加藤です」

　そして、二、三日後に再訪。

「こんにちは、奥さん、今よろしいですか。先日、お伺いしましたM銀行の加藤直樹です。またちょっとお話を……」

などとしつこく食い下がって、五十万円の定期預金の契約をもらったりするのである。

こういう営業は、ひょっとするとゼッケンが一桁や二桁の東大出のサラブレッドにはできないかもしれない。どんな相手が出てきても、玄関先で頭はペコペコ、顔はニコニコ。まさに、ゼッケン百五十番の駄馬の役どころである。

もっとも同じ頃、同期のエリートたちは本社で融資の窓口になったり、外国為替の動向に目を光らせたりしてた。まさか、同期が汗だくになって、下町の奥さん相手に新規契約の交渉などをしているとは思ってもみなかったことだろう。

こうして一日中、飛び回って支店に戻ると、集めてきたお金をそれぞれ顧客別にカードに書き入れ、課長を中心に結果をチェックし合うのである。

「おい、加藤、お前、今日、いくら集めた？」

「はい、五十万です！」

僕が得意になって言うと、課長は渋い顔で「なんだ、五十万か」と言う。今から四十年前の五十万円だから我ながら大したものだと思ったし、営業部に配属になった時、課長は「お前はとにかく金を集めてくれれば、それでいい」と言ったのに、今や、「いくら集めた？」である。

これが一週間に一回ならいいが、毎日である。毎夕、支店に戻ってくると、「いくら集めた？」で結果報告。なかにはゼロの日だってある。そんな時は惨めなものだ。

「なにーぃ、お前。一日、車のガソリン使って走り回ってゼロかよー！」

「すみません。明日、頑張ります」

こうなると、下を向いて謝るしかない。こんな調子で与えられた地域を、それこそペンペン草も生えないいくらい一軒一軒まわり、毎日、毎日、お金を集めては上野支店に運んでいたわけである。

今思えば、これがノンエリートの仕事であり、僕のような全国の働き蜂が花の蜜を吸って集めた蜂の巣が、銀行の支店。そして、その蜜を動かして商売するのが、本店や重要支店のエリートたちなのである。

したがって、同じ銀行員でありながら、本店や重要支店に勤務する同期の一流大出が、一般のお客さんに頭を下げたことがないのも当然のことであった。

ボロボロの家がターゲット

足立区が終わると、僕は「寅さん」でお馴染みの葛飾区担当になった。

この頃になると、僕なりに預金を確実に取れる秘訣が見えてきた。なにしろ毎日、お金を集めてこなければいけないのだから、どうせ飛び込むなら、高額の預金をしてくれる人を探した方が得策なことは言うまでもない。

そこで僕は、飛び込む家を選んだのだ。どんな家か？　決まっている。

古い家、ボロボロの家。できれば飾り気のない地味な家だったら最高だ。そして、家の入口でピンポンと押して、出てきた奥さんの身なりが家と同様に地味な感じだったら、その家はほぼ間違いなく現金を家の中に置いている。

頭がボサボサ、化粧もしていない。着ているものもかまわない。不美人。そっけない。口が悪い。身体をボリボリ掻く。そんな奥さんは、だいたいこう言う。

「なんだい、えっ、銀行？　見ればわかるだろ。ほかをあたって！」

こんなセリフが出たら、こちらの思う壺だ。僕は名刺を出し、あたりを見回しながら、小声で言う。

「こちらの家が本当のお金持ちだということぐらい、僕だってわかりますよ。どうせなら、ただお金をタンスの中に持っていないで、誰にも知らせないで、そのお金、内緒で増やしませんか。Ｍ銀行がお手伝いしますよ」

僕がそう言うと、だいたい家の中に入れてくれる。

僕にはわかるのだ。こういう生活を送っている人は、お金が大好きなのだ。大好きだからお金を使わない。使わないから、多額の金が家にある。しかし、本心はお金を増やしたい。そこに、こちらのチャンスが生まれるのだ。

逆に、瀟洒《しょうしゃ》な住宅、きれいな奥さん、私立に通っている子供がいる家庭には、そんな高額な金はない。すでに金を家や土地、子供に投資してしまっているからである。せいぜい、百万円の定期預金の契約をもらえればいいほうである。万一、遺産などで入った大金があったとしても、そういう人はすでに取引銀行に預けてあるものだ。

ええかっこしいは、家には金がないのだ。

こうして僕はボロ家を歩きまわり、数千万円の現金をカローラの助手席（盗られやすい後部座席には絶対に置かない）に置いて、銀行に持ち帰り、支店長を驚かせたこともしばしばあった。

「加藤、お前、見かけによらずに金をよく集めてくるな」

「見かけによらず」は余計だ。こうして葛飾区でも成果を上げた僕を、営業課長はなんと次は、茨城県に派遣した。

たしかに、上野から電車で行けば、それほど茨城県は遠くない。取手、土浦、石岡、古河は、東京の通勤圏なのだから。それにしても、なんでＭ銀行の上野支店がそこまでやらなければいけないのかと思ったが、実は、同じ銀行の支店同士でも、縄張りはあってないようなものなのだ。

逆に言えば、M銀行の上野支店が茨城まで出しゃばってきたら、水戸支店だって黙っていないだろう。まして、小さいと言えども、取手支店、土浦支店だってある。

つまり、上野支店の新人営業マンである僕は、まったく地の利のない他人のシマ（縄張り）に派遣された、やくざ映画の「鉄砲玉」のような存在だったのである。

ここでの狙いは、地元「名士」や遺産相続の「成金」だった。

なぜ、彼らを狙うか。それは、彼ら小金持ちは自分の財産がどのくらいあるかを地元の人に知られたくないからである。

県会議員や市会議員、医師や商店主、地主などの地元の「名士」ともなれば、隠し財産など持てない。なぜなら、地元の銀行と先祖代々、つきあっているからである。遺産相続の情報も噂として広まってしまう。

しかし、そんなところに、都市銀行であるM銀行の、それも上野支店が営業に来たらどうだろう。

上野までは電車で行ける。そこに自分の隠し口座があれば、何かと便利だ。僕が上野からわざわざ電車に乗って営業に出かける意味は、そこにあった。そのうち、茨城のほうから僕宛に電話がかかってくるようになった。

「ああ、加藤さんけ？　千五百万、預金すっからよ、通帳とキャッシュカードを作って、こっちまで持ってきてくれると嬉しいんだけども。ああ、明日？　そりゃいいな。待ってるからよ」

その時はキャッシュで千五百万円受け取り、領収書を渡した翌日、通帳を作って持って行ったが、現金を受け取って帰る電車の車中、バッグの中の千五百万円の札束が気になって、なんか落ち着かなかったことを今でもよく覚えている。


「ほら、加藤、二千万円だ。持ってけ！」


また、こんなこともあった。

あれは、同じ茨城でも、筑波あたりを回っていた時だった。

定期的に月末になると集金に訪れている家の玄関のチャイムを押した。

「はーい」

「こんにちは。M銀行の加藤です。新たな定期預金のお願いにきたんですけど」

「おー、加藤さんかー、こっちへ来～い！　一緒に飲もうぜ」

自衛隊で今度定年を迎えたご主人だが、なんだか機嫌がいい。奥さんは台所で洗い物でもしていたのだろう、エプロンで濡れた手を拭きながら、こう言った。

「じゃあ、上がって、上がって。昨日でお父さん、定年になったの。だから、ひとりで勝手にお酒を飲んで定年祝いを朝からやっているわけよ。加藤さん、いいところに来てくれたわ。悪いけど、お父さんの相手をしてくれない？」

　奥さんも、なんだか楽しそうだ。

　僕は、言われるままに、奥の大広間に入っていった。明るい日差しが、大きなサッシの窓を通して、十二畳はあるだろう床の間のある広い座敷を照らしていた。

　部屋に入った僕は、剣道の試合のようにきちんと正座をしてご主人に挨拶をし、「定年ですってねえ。長い間、お国のためにありがとうございました」と言った。体育会系だから、僕は、自衛隊は嫌いではなかった。

「ああ、ありがとう。ま、ここさ、来い。飲むか？　ああ、仕事中だからダメか。じゃあ、そこらの酒の肴でもつまんで。おーい、母ちゃん、箸ねえか」

「ああ、ありがとうございます」

「加藤さんよ、あれ、見て、あれ」

　ご主人が指差す隅の上の大きな神棚を見て、僕は目を丸くして驚いた。なんと一万円札の札束がドサッと神棚に積んであるのだ。

「おー、それが俺の退職金だ。二千万円だ。加藤さん、どうだ、持っていくか、その退職金。母ちゃんがいつも渡している定期預金とはケタがちがうべ」

「いいんですか、お預かりしても」

「ああ、いいとも。ここさ、座って。帰りに持っていけばいい。おらも、わざわざ銀行に持っていく手間が省けるからな」

それから一時間ほど、ビールや酒を注ぎながら、話を聞いた。話は軍事演習から沖縄問題まで広がっていった。

「よし、これ、二千万円あるだろ。数えるか。それからな、これ二万円、君に上げるよ。帰りに土産でも買って！」

さすがに小遣いは受け取れなかったが、札束を数え、きっちり二千万円受け取り、預り証を書いて、その家を出た。

今では、退職金も銀行振り込みだが、当時は現金だ。数万円程度の金額でも、定期的にその家を訪問していたことが、こうした大金の集金に結びついたのだと僕は自負していた。

「すいません、電話、おかりしていいですか？」

思いがけない「収穫」に、僕が支店に電話を入れ、飛ぶようにして支店に戻ったのは、言うまでもない。

激しい給料差

入行同期の最後尾を必死で走っていた駄馬の僕が、この頃、ふと気づいたのは、銀行というところは、「給料差」の著しく激しいことであった。

普通、給料というものは同期入社であれば、最初の数年はどの企業でもそれほど変わらないし、まして、ボーナスはよほどのことがないかぎり同じだと思われる。ところが、銀行は、給料体系が一般企業とはまったく異なるのである。

これは、僕がM銀行の上野支店から新規開店の松戸支店に移った時に、久しぶりに同期の仲間と酒を飲んで、給料の話になった時に気がついたことだ。

「お前のところのノルマって、どのくらい？」

「えっ、そんなの知らないよ」

「お前、知らないで働いてるの？　バカだなあ」

そう、同期の仲間に言われて、詳しく事情を聞いた。

それによれば、M銀行には全国に数百という支店があるが、それらの支店はランク別に分かれ、それぞれのレベルに合わせたノルマが毎期ごと新たに設定されている。そのノルマは支店のランクによって異なり、Ａ級、またはＢ級支店なら、企業への融資額、不動産手数料、住宅ローン額、さらには企業の当座預金額など、また、郊外型のＣ級支店では新規の定期預金獲得件数、不動産情報件数などに、ノルマという名の「目標」が設定される。各支店は、その設定目標に向かって、まるで独立採算制のように、がむしゃらに走るのである。

その結果、目標をクリアした支店は、本店から表彰され、そのニュースはＶサインをする支店長を中心とした記念写真で、全国の支店に知らされる。もちろん、記念写真だけではない。賞金が本店から授与され、それによって、大々的なパーティが催され、さらには、その年のボーナスに匹敵する特別賞与が大量に支店長に渡される。

これを支店長が、よく働いた行員に配るのだ。これが、特別ボーナスである。もし、次の決算期もこの支店が新たなノルマを達成したら、この支店に勤めている全行員の給料も上がるし、支店長は栄転する可能性も高い。支店長だけではない。成績優秀な支店の行員たちは、それぞれ待遇が上がり、給与体系に沿って、給料も上がっていくというわけである。

一方、ノルマを達成できなかった支店はどうなるか。その支店の行員たちは、いつまでたっても、給与もボーナスも基本給である。そして、給料が上がらないということは、「〇号職」と言って待遇も低いままということである。

こんなことを各期末で繰り返すから、十年も経てば、同じ同期でも年収で二百万円ぐらいの差はみるみるついてしまう。

いわば、支店長は戦国時代の城主のようなもので、手柄を上げれば石高も増え、それによって部下の禄高も増えるが、ダメな城主の下にいる侍は、いつまでたっても苦しい生活を送るようなものなのだ。

しかも銀行のすごいところは、その評価が全員、知ろうと思えばわかるということだ。まるで、相撲の番付のように、同期入社した仲間が、今、どの程度の待遇で給料がいくらかまで調べればわかるようになっているのである。

よく「銀行員の給料は高い」と言われるが、決してそんなことはない。高い人は、それこそ年齢に関係なくかなりの高給だが、一方、いくつになっても低収入のままの人も明らかに存在するのが、銀行員の世界だと思ってもらえばいいだろう。

そこまでわかった時、僕は早くも銀行員生活六年目を迎えていた。

第一章

敵は社内にあり

一度の失敗が命取り

あれはいつだっただろうか。

いつものように、エアコンのないオンボロカーで金集めの営業の外回りをしていた時だった。

今思えば、その頃の僕は実に暢気で、同期百五十名によるM銀行の出世レースの最後尾をのんびり走っていた。

（長くやっていれば、いずれ小さな支店の支店長ぐらいにはなれるんじゃないの？）

などと思っていたくらいだから、銀行内における出世競争など、まったく興味も持っていなかった。そんな時、ふと、あたりを見回すと、これまでまったくもって気づかなかった銀行員が出世するための「障害」が次々と見えてきたのだ。

そのきっかけは、松戸支店の人事異動だった。営業部の先輩の片岡さんがうちの支店から別府支店に去り、八王子支店から吉沢さんという人が新たに僕たちの営業部に回ってきた。その吉沢さんの歓迎会の二次会で、先輩行員から「実は、片岡さんは単なる人事異動ではなく、支店長によって左遷された」と聞いたのである。

「左遷？　どういうことですか？」

「支店長ににらまれたんだよ。ほら、片岡さんって、営業会議でいつも正論を吐くじゃないか」

「ああ、先月の定例会議でも『支店長の掲げる今月のノルマの根拠はなんですか』なんて言ってましたね。思わず、いいことを言ったと思ったけど」

「あれに支店長がキレてさ。本店人事部に報告したのさ」

「へえ、そんなことで飛ばされるんですか」

「片岡さんの子はこの四月に小学校に上がるんだぜ。先月、有名私立のお坊っちゃん学校の入学試験に受かったって喜んでいたのに。どうするんだろう。単身赴任かなあ。でも、別府じゃあ、奥さんもそうそう通えないぜ」

「そりゃあ、大変だ」

「お前も時々、残業している課長に向かって『お先に失礼します』とか、言いたいことを言ってるけど気をつけろよ。いったん傷ものになると、銀行員は終わりだからな」

(銀行員は終わり？　なんだ、それ)

　僕はこの時はじめて同じM銀行の行員でも、出世どころか、一生うだつの上がらない人生を送っている人が全国にたくさんいることを知った。銀行員でいられるならまだいい。四十歳を過ぎて、銀行から出向になり、関連子会社に行っている人も多いらしい。それで、「銀行員は終わりだからな」というわけだった。

どうやら、銀行員は「一度の失敗が命取り」ということらしい。それに気がついたのだ。

僕が銀行の仕事に慣れてきたせいもあるだろう。それからというもの、いろいろな部署とのコンタクトもあって、Ｍ銀行の全体像がつかめてきたと同時に、業務に慣れるにしたがって、さらにこの業界の「嫌らしさ」まで見えてきたのだ。

そして、それらの一つひとつが出世に影響するということもわかってきた。

同じ行内での派閥争い、厳密なチェック体制、他部門からの嫌がらせ、上司の意地悪、同僚の妬み、もちろん、行員の不祥事、客からのクレーム、金融庁の検査も出世競争におおいに関連する。

なるほど、銀行内で出世しようと思ったら、これらの障害を上手に飛び越さないと、前へ進めない。これで、銀行における出世レースは、競馬にたとえれば、単なるスピードレースではなく、中山大障害のような、次々とハードルを越えていく激しい障害レースだということが競馬好きな僕には本能的によくわかった。

ということは、銀行員は「遅れず、休まず、働かず」という絶対守りの精神のほかに、次々と自分の前に現れる障害をなんとかやりすごす防御のテクニックも磨かねば、前へ進めないというわけだ。

言い換えれば、どんなに営業成績が素晴らしく、将来を嘱望される支店長になっても、次々と現れる目の前の障害に一度でもつまずいたら、その家族ともども、一巻の終わりだということだ。

(これは、侮《あなど》れないぞ。油断大敵だ)

この時以来、他の業界にない「一度の失敗が命取り」という銀行界独特のシステムに、僕は敢然と立ち向かう決心を固めたのであった。

では、銀行員には、具体的に、いったいどんな障害が待ち受けているのか。そして、これまでのエリート行員たちはどうやってその障害を乗り越え、ゴールへ向かったのか、僕のこれまでのすさまじいまでの体験を交えながら書いていこう。

検査部はトップ直轄のスパイ組織

まず、僕が入行して最初に驚いたのは、本店の「検査部」という組織の存在だ。

本店検査部? なんだろう。調べてみたら、この組織がどうも、銀行の支店長をはじめとするすべての行員の運命を握っているということがわかったが、「検査部」がどうしてそんな権限を持っているのだろうか。

僕は、密かに探ってみることにした。

普通、製造業などでは「検査部」と言えば、製品管理とか品質検査をする部署かそれに近いような役割を持ったセクションだろうが、銀行の「検査部」は、まったくそういう感覚ではない。第一、商品は現金だから、商品の品質検査など意味がない。

だが、その恐ろしい正体が、この僕にも身をもってわかる時がやってきた。なぜなら、僕の勤務していたM銀行上野支店に、この検査部がやって来たからだ。

その日は突然、訪れた。

銀行の「検査部」は、江戸時代の「隠密」、または「お庭番」に近いかもしれない。時代劇が好きな人ならおわかりかもしれないが、将軍や老中の命を受けて、諸藩の怪しい動きを探る役目を「隠密」、または「お庭番」と言った。戦争中であれば、憲兵。現代で言えば、地検特捜部、秘密諜報部員、スパイである。

つまり、本店「検査部」は、銀行内のいかなる不正も見逃さず、全支店内に起こっていることすべてを上層部、経営陣に正確に報告する「ご注進」係だった。

たしかに、銀行が扱う商品が現金であるため、間違いがあってはならないし、万が一、犯罪が起こったら大変である。したがって、問題が起こる前に、常日頃、仕事のやり方から帳簿のチェックにいたるまで、頭取直轄の部下が秘密裏に日本全国の支店の動きを調べ上げている。

本店「検査部」がスパイだというのは、ここからきている。

この組織には、検査部長の下に数十人の検査役がいて、この検査部が何の前触れもなく、いきなり早朝、支店にやってくる。

警察の家宅捜索と同じだ。これには誰も逆らえない。なぜなら、この検査部という組織は、銀行トップ、頭取直轄の部なのである。「なんですか、いきなり。ひどいじゃないですか」などと、支店長がひと言でもそのやり方に文句を言えば、頭取の耳にすぐに届き、その支店長以下、その支店の行員は「業務を停滞させた」という処分を受けるため、首を洗って待たなければならない。

「この印籠が目に入らぬか」というのと同じ感覚だと言えばわかりやすいだろう。この検査部が一歩でも店内に入ってきたら、絶対服従。恐ろしいなんてものじゃない。さらには、その場をうまく乗り越えなければ、一生、冷や飯を食う。

しかも、この検査部、実に嫌なことに、検査部長以下、部員のほとんどが何らかの理由で「支店長になれなかった人たち」で構成されている。

いわば、出世コースから外れた男たちである。したがって、当然、順調に出世している各支店の支店長に対しては、「業務上」という大義名分で、より厳しく支店業務の検査に臨むというわけである。

検査部員のなかには、激しい支店長候補争いで敗れた人間もいるだろうし、なかには、うちの営業部の片岡さんのように、その昔、支店長の手によっていじめにあい、左遷の憂き目にあった次長もいるだろう。こうした彼らの個人的な「私怨」を銀行のトップたちは、実にうまく有効利用しているのである。

そんな「ワケあり」のベテラン行員で構成された検査部が、アポなしで突然来店してくるのが検査部検査であった。

「支店長いますか。本店検査部です」

上野支店の開店前に入ってきた本店検査部の男たちは、まず、支店長室に向かった。事務的な挨拶のあと、手分けをして彼らの任務を遂行しはじめた。その的確なこと。こちらが細工をする間も許さない。営業の僕は、ただ呆然と彼らの活動を見ていた。

当然、かつていじめられた「仕返し」は容赦ない。帳簿をチェックすれば、支店長の印がひとつないだけで、「記帳がルーズだ」と報告されるし、業務取扱マニュアルと相違した事務処理は徹底的に「なぜ、違うのか」という理由を言わされる。

その言い方が悪いと、それはすべて支店長の責任とされる。「どういうふうに、部下を育てているのか」と詰問し、監督不行き届きという烙印を押す。そして、それがそのまま本店に報告され、支店長は、次の人事での異動を待つのである。

次に、彼らは金庫の現金と帳簿をチェックしはじめた。そしてあろうことか、検査部の重箱の隅をつつくような作業の結果、ミスがひとつ発見された。すると、検査部員は鬼の首でもとったかのように、支店に「D」というランク付けをする。

うちの支店長は、検査部が来店した時から青くなっていた。

なぜなら、来店した検査部のリーダーがかつて同じ支店にいた先輩行員だったからである。支店長は、きっと何かその先輩に後ろめたい気持ちがあったのかもしれない。そして、先輩を追い越して彼が支店長になり、追い出された男は異動を繰り返し、やがて本店の検査部のリーダーになった。

以前、自分が追い出した先輩が、めぐりめぐって鬼より怖い検査部のリーダーとなって再び、目の前に現れたのだから、支店長が恐怖におののくのも無理はない。
支店長は、いかにも冷たく事務的な検査部員の質問に、ただ「はい」、「はい」と言うだけで、僕からみても、きちんと答えられていなかった。

「それで、あなたは支店長が務まると思っているのですか！」

かつて同じ支店の先輩だったが、今は検査部のリーダーとなった男の声は、低く静かだったが、鋭かった。

あとでわかったことだが、その時の模様は、頭取や役員が出席する取締役会で彼によって「あの支店は、ダメでした。事務能力がDです。特に、支店長がまったく管理能力がなくて……」と報告されたと聞いた。

よほど、僕が勤めていた時の上野支店の支店長は、その先輩に恨みをかったにちがいない。そのわずかなミスが原因で、翌年、彼は地方の小さな都市の支店長に異動させられ、やがて、四十代半ばで子会社のローン会社に出向、以後、二度と銀行に戻ることもなく、また、東京に帰ることもなかった。

僕にとってその支店長は、そんなに悪い人ではなかったが、かつての「怨恨」の再燃が、ひとりの支店長のそれからの人生を大きく変えたのであった。

同じ銀行に勤めているのに、人の人生を変えてしまう、頭取直轄のスパイ組織、本店「検査部」というところは、そんな恐ろしい組織なのである。

女子行員の密告

また、支店にとって、検査部が恐ろしいのは、金庫や帳簿のチェックだけではない。もっと怖いものがあった。それが検査部による「ヒアリング」である。

検査部は支店に勤務している女性行員一人ひとりを個室に呼んで、話を聞く。
「どうですか、支店長は。働きやすいですか？　誰にも言いませんから、何か言いたいことがあったら、いい機会ですから、言ってください」とか、「困ったこと、嫌なこと、こうしてもらいたいこと、ありませんか」などと、やさしく尋ねるのだ。

普通なら、明らかな誘導尋問にひっかかる女性行員は少ないだろうが、なかには、同じ行内に、この機会を手ぐすね引いて待っている女性がいるということもわかった。

「女子行員にはくれぐれも気をつけろ！」という教訓を得て、しばらくした頃、ある支店長が飛ばされたという理由を聞いて愕然《がくぜん》とした。

それは、荻窪の支店に勤務している同期の高林と久しぶりに飲んでいる席だった。その店は、駅からほど近く、もともとは高林がやはり学生時代から飲みに行っていたスナックで、十席ほどの止まり木のあるカウンターだけの店だった。

ママは四十代後半で、なかなかの美人であった。高林のウイスキーのボトルに書かれていた日付から見て、彼はよく来て飲んでいるらしい。

「おい、お前のところに本店の検査部、来た？」

カウンターに座って、水割りグラスをカチンと合わせると、高林は僕の顔を覗き込むようにして聞いてきた。

「来たよ、しばらくして、うちの次長と課長が地方に飛んでいった。支店長も危ないよ。監督不行き届きだからな」

高林は「ふーん」とうなずきながら、「うちの広瀬支店長なんか、電話一本でこれだ」と、右の人差し指で首を手前に掻くしぐさをした。

「電話一本？」

「ああ、新宿のクラブのママがさ、支店長に電話してきたのを秘書の女子行員が取ったんだよ」

「別にいいじゃないか。取り次いだんだろ」

「それがさ、『広瀬ちゃんいる？』だもの。『外出中です』って言ったらな、そのママが『あら、そう、ところで、あんただ〜れ？』だって。まずいだろ」

僕は、とっさに「そりゃあ、最低だ」と思った。ただの私用電話だけでもまずいのに、「あんた、だ〜れ？」は、支店長の公私混同がバレたも同然だ。

高林は続けた。

「あげくに、店の名前を言ってさ、急な用事があるんで電話をくれるようにって、伝言したんだってさ。やばいよなあ」

「広瀬ちゃんに伝えてよ、ってか」

「ああ、そうだ。それをさ、その取り次いだ行員が支店のお局さまに言ったから大変だよ。支店長が戻ってくる夕方までには、支店の全員、その話、知ってたよ」

「そりゃあ、やばい、やばい。でも、お前のところの広瀬支店長って、結構、評判よかったよな」

「うん、一応、慶応だし、一部上場会社の会長のお坊っちゃんだし、将来、いいとこまで行くんじゃないかっていう噂だったけど、これで今度、本店検査部が来たら、終わりだな。代わりはいくらでもいるわけだからな」

そうなのだ。銀行の支店長という地位はそれなりに偉いのだが、その程度の人材は全国にいくらでもいるとも言えるのである。

それにしても、クラブのママからの電話一本で人生が狂ってしまう支店長の哀れさが、なんだか切なかった。

毎日カードをめくっている人事部

その後、密かに高林に聞いたところによると、広瀬荻窪支店長の話は、予想通り、本店検査部の察知するところとなり、支店長は本店人事部に呼ばれたそうだ。

検査部の調査では、新宿のクラブのママは、父親の愛人で、広瀬支店長もできるだけ近づくのを避けていたが、父親の指示もあり、ママの税務署対策の相談を受けていたという。脱税ではなく、あくまで節税の相談だと訴えているそうだ。

そして、今は御沙汰待ちだそうだが、それまでとんとん拍子に支店長まで駆け上がった人だけに悔しい思いをしているのではないかと思った。あとは、本店の人事部が財界で力のある父親の力をどう見るかだが、それも厳しいだろうというのが、高林の話だった。よほどのことがないかぎり、人事に情を挟まないのが銀行だからである。

それにしても、本店検査部という組織には気をつけなければいけないが、それ以上に全銀行員が最も恐れるのは、検査部からの情報を得て、人事異動の決定をする本店人事部である。

その昔、学生時代に「中央集権」という言葉を学んだ記憶があるが、まさに銀行は、この中央集権の徹底した組織だ。中央集権を僕なりに解釈して言えば、情報収集と決定権が本店に一元化されていて、本店のなかでも人事部が中心となって、全体を統括、管理しているというわけだ。

このピラミッド型の組織の長所は、なんと言っても、情報を吸い上げることが迅速にでき、全体に今何が起きているか把握しやすいことだろう。

つまり、僕の勤めていたＭ銀行の例で言えば、ピラミッドの一番下に全国の小さなＣ級支店群が並び、そうしたいくつかのＣ級支店群の上に少し大き目のＢ級支店群があり、さらにＣ支店やB支店とは別格で、全国に数行しかないいくつかのA支店が存在し、その上に本店人事部、役員室、頭取が君臨しているのである。ちなみに、特別格の数店のA支店には、支店長の上に役員が鎮座ましましている。

したがって、同じ支店長でもＡＢＣのランクがあり、それぞれの支店に次長、課長、それに一般行員がいるわけだから、銀行内での自分の地位が全体のどのあたりかは、配属になっている支店でわかるというわけだ。

つまり、僕が入行した時に、すでに同期入社の出世レースのゼッケンが決まっていたというのも、さらには、自分が新入行員の最後尾だとわかったのも、本店人事部が入行試験の段階でどの程度の評価をし、その結果、どの支店に最初配属したかで決まっていたからである。

そうしたなかで、本店人事部は、明らかに超エリートコースである。

なぜなら、本店人事部は全行員の情報を握っている唯一の部署だからである。昔の大日本帝国の軍隊で言えば、本店人事部は参謀本部と並び、すべてを統括する大本営に所属していることになる。

ちなみに、本店人事部が握っている全行員の情報とは何か。それは、能力考課と業績評価である。

能力考課というのは、本人の潜在能力の非係数部分（数字に表れないところ）をチェックするもの。一方の業績評価は数字に表れる係数評価で、、僕の場合で言えば、どのくらいお金を集めてきたかの営業成績で決まる。能力と業績。この二つをつねに鑑みながら、全行員の評価を定め、それに合わせて、配属先を決めるのが本店人事部の仕事なのだ。

では、具体的にはどう決まるのだろうか。たとえば、新人時代、上野支店で毎日、車で金集めに走っていた僕を、あの当時、誰がどう評価したのだろう。

僕の評価はまず、当時、配属になっていた上野の支店長が評価する。ＡＢＣＤＥの五段階である。

「営業部　加藤直樹　能力考課Ｃ　業績評価Ｂ」

おそらくこんな感じだっただろうと思う。

特に支店長に忠実だったわけでもないし、どちらかと言えば、言いたいことを言ったほうだから、能力考課的にはこんなもんだろう。営業は頑張ったとは思うが、実際の評価はどうだっただろうか。

しかし、たとえば、当時の支店長の僕への評価がそうであったとしても、この評価は最終考課ではないのが銀行のすごいところだ。なぜなら、最終的に本店人事部がきちんと修正を加えるからである。これはある意味、当然で、支店長の報告をすべて飲み込んでしまうと、適正な人事配置ができないというのが表向きの理由だ。

だが、恐ろしいことに、この段階で、実は、僕の能力考課や業績評価は、本店人事部がすべて把握している。だから、逆に言うと、支店長が僕をどう評価しているか、本店人事部が監視しているとも言えるのだ。

「上野支店の加藤直樹は、集金能力に長けていて、業績評価A、ただし、体力のみで、上司の言うことも聞かず頭を使っているとも思えないので能力考課Dである」

という評価がきちんとされている上で、現場の支店長が僕に下した評価を確認するのだ。そして、もし、これが支店長の評価と同じであったら、支店長の人を見る目、部下を評価する力が立証され、それが、支店長評価にもつながるのだ。

つまり、誰にも注目されない上野支店の僕に対しても、本店人事部はきちんと人柄と実績の評価をしているのだから、本店人事部は、全国の支店長をはじめ、海外支店等も含む全支店で働く全行員の能力考課、業績評価をしているということである。

テレビドラマの『半沢直樹』に登場した大阪西支店の浅野支店長は、この本店人事部上がりで、人事部のエリート小木曽次長と手を組んで、半沢直樹の最大の敵として登場したのも、ドラマのなかで、他の企業と比較して、いかに銀行の人事部というところが権力を持っているかを視聴者に知らせたかったからにちがいない。

では、日常的に人事部の彼ら、いったいどんな仕事をしているのだろうか。

驚かないでほしい。彼らは毎日、全行員の写真入りカードをひたすらめくっている。そのカードには、すべての能力考課と業績評価が書かれてある。

支店長クラスのカード、次長クラスのカード、課長クラスのカード、そして一般行員のカードに、それぞれの担当者が毎日のように、さらに何かを書き込んだりしている。だから、恐ろしいことに、こちらは知らなくても、人事課員は、若手で、かなりマイナーな支店にいたこの僕の顔も知っているのだ。

そのうえで、全国のどこかの支店で、支店長クラスをひとり動かせば、そのカードのなかから「これはどう?」、「こっちをここにはめますか」とまるでジグソーパズルのように、それぞれの行員のカードをはめ込むのだ。

支店長の異動が済めば、次に、次長、課長。そして、能力考課、業績評価を見ながら、僕たち一般行員のカードもあちこちに入れる。これが、いわゆる銀行の日常茶飯事、人事異動なのである。

それにしても、全国に散らばった支店の一人ひとりの人生を、彼らはいったい何と思っているのだろう。

新宿のクラブのママから電話のあった広瀬支店長は、いったい、どこに異動になっただろうか。荻窪支店長から降格となると、かなり遠くのCクラスの支店かもしれない。それでも、支店長ならまだよしとすべきだろう。子会社に出向ということも考えられるのだから。

それにしても、日本を代表するメガバンクの全行員の顔を知っているという、本店人事部というところは、決して敵に回してはならないところだということが、この時の広瀬支店長のケースで、僕にもよくわかった。

人事部が仕掛ける出世レースの仕組み

さらに知っておかなければいけないのは、本店人事部が支店長をはじめとして、全国の支店に散らばっているすべての行員についての情報を握っているということは、僕が入行した時点で、すでに全銀行員の序列が定まっているということだ。

したがって、僕は、新人の時にその学歴からいっても同期の最後尾だと思っていたのだが、言い換えれば、それは、この僕が当時在籍していたすべての行員の最後尾であるということを意味する。

つまり、行員が一万人いれば、頭取を一番として、一万番までの序列が決まっている。そして、一年経過すれば、僕の下の序列も生まれる。ただし、僕の同期の百五十人のうちの一流大出のエリートたちは、最初から一万人のなかの百番台に入っているケースも考えられる。

そして、これからの能力考課と業績評価によって、出世する行員はどんどんゼッケンの番号を少なくしながら上に昇っていき、失脚した支店長や行員たちは下のランクに吸収され、やがて出世レースから消える。

特に、四十代が問題で、うちの銀行では、ここでせめて全体の上から百番台をキープしていなければ子会社に出向し、そのまま戻ってこない。つまり、それまで胸にあったはずのゼッケン番号が消え、銀行員ではなくなるということである。

したがって新入行員は、最初の配属から番号がちがう。つまり、配属された支店がＡ級支店、Ｂ級支店なら、かなり本店人事部から期待されていると思っていい。ところが、大半は一番下のＣ級支店である。ということは、最初から「お前たちは、出世レースはあきらめろ」と言われているようなものなのだ。

また、別の角度から見れば、同じ支店長でも格がそれぞれちがうということである。

Ａ級支店の支店長は、将来、銀行の幹部を狙える地位にあるエリート支店長であり、Ｂ級支店の支店長は、頑張ればＡ級の支店長から役員へ、悪ければ、Ｂ級支店をいくつか転々として子会社か関連会社に出向。Ｃ級支店長は若ければＢ級支店長が狙えるが、四十代後半でＣ級支店の支店長ならば、それからの銀行員生活もそう長くないということである。

さらに、本店人事部が巧妙なのは、Ａ級支店長をひとり役員にするために、他のＡ級支店長と徹底的に競わせることだ。

人事部にしてみれば、その勝負に勝った支店長は晴れて出世させるが、他の敗れた支店長の出世レースをここで終わらせることができる。同格の支店長争いで負けた支店長は、ゼッケンを奪われ、取引先の中小企業や傘下の子会社に役員で出向である。

役員になったため、欠員になったA級支店長の席は、いくつかのB級支店のうちの数人の支店長で競わせる。そこで空きが出たB級支店長の椅子を今度はC級支店長のうちで有望な者を抜擢するという寸法になっている。

ただし、たとえC級支店長でも、支店長になれれば、かなりの出世であることだけは追記しておこう。

嫌がらせ人事

ここまで僕は、配属になった上野支店、そして松戸支店で、営業成績はまあまあ、それなりに当時の支店長の期待に応えて頑張ったが、次の人事異動であろうことか、本店の国際部に転勤になることになった。

噂はすぐに広まった。僕をこのM銀行に引っ張ってくれた大学の先輩からも早速電話があったし、荻窪支店の高林からも飲みに誘われた。

「お前、何かしでかしたの？　女で失敗したか？」

彼らの第一声は、決まって、それだった。そのぐらい僕の国際部行きは、実におかしな人事だったのである。

いつもの店のカウンターで、高林はこうも言った。

「どう考えても、誰かの嫌がらせだな。そうとしか、考えられない。お前に辞めて欲しいと思っているヤツがいるんだよ。そいつが人事部に手を回した嫌がらせ人事」

「おいおい、俺が誰かに恨まれてるってことか。まだ、入行して十年経たないぜ。ちっとも偉くもなってないし…」

「それはわからないよ。だから、女じゃないかって聞いたんだよ。だって、お前、同じ異動でも、よりによって本店の国際部だぜ。これがさ、お前が帰国子女だったら、俺だって喜んで乾杯してるよ。ところがお前、英語もできないし、国際部に行って、いったい何をやるんだよ。え、そうだろ？　お前に恥をかかせて辞めさせようとしているとしか考えられないじゃないか」

高林の意見に、ただ僕は力なく、うなずくしかなかった。

そうなのだ。高林の言う通りだった。

辞令の出た日、僕は支店長室で、「なんかの間違いじゃないですか、僕は英語なんかしゃべれませんよ」とぶっきらぼうに言った。すると、支店長も手を振って、「こっちだって、君がいなくなるのは困るんだ。君だけだからな、よくお金を集めてくれるの。でも、君の国際部への異動は、本店の人事部が決めたんだ。支店長の僕としては、なんとも言えないよ」と、真面目に答えてくれたのが、せめての救いだった。

それにしても、おかしい。

焼き鳥やキムチの臭いのする下町の商店街の裏通りや、蛙の声が聞こえる田んぼの畦道を歩いて、支店長の掲げたノルマを達成すべく、飛び込みで新規の定期預金の勧誘を続けていたこの僕がなぜ、ニューヨーク支店帰りやロンドン支店への派遣要員というエリートたちが渦巻く本店の国際部なんかに……。

結局、理由もわからないまま、本店国際部にとりあえず行くことになったものの、案の定、まわりの雰囲気は異様だった。

「おい、加藤、お前、なんの因果で俺たちの国際部に異動になったんだよ」

同期の小林が目ざとく僕を見つけて声をかけてきた。こいつは一橋出だが、入行式で隣り合わせになってから、時々、他の仲間と一緒に飲む機会があったヤツだ。

（そうか、こいつはアメリカの大学に留学してたって言ってたな。たしか、ＭＢＡの資格も取ったって聞いたな）

優秀な行員は、銀行が金を出して、わざわざ外国留学をさせ、国際的な資格を取らせてくれるのだ。同期には、そんなヤツが数人いた。たしか、この小林もそのなかのひとりだった。

「おお、こっちだってなんでこんなところに配属になったかわからねえよ。第一、英語だってしゃべれねえのに。俺のほうが聞きたいよ」

「まあ、英語なんか、英語屋さんに任せておけばいいんだけど、それよりお前、ここで何をやれって言われたんだ？」

英語屋さんというのは、欧米の大学を卒業して英会話だけは完璧で、一応、国際部に配属になっているが、銀行員としての仕事ができない人のことを言うらしい。

「そんなの知るか。まあ、なんとかなるさ」

「お前らしくていいや。じゃあな、何かわからないことがあったら俺に聞けよ」

「おお、ありがとうよ」

そう言って、いったん小林と別れたものの、僕は自分でも何をしたらいいのかわからないまま、部長室のドアをノックした。そして、その日から、無謀にも僕の国際部での生活がはじまったのである。

M銀行本店国際部の主な業務は、大きく分けて二つあった。

一つは海外進出を図る企業への情報提供業務であり、各国の経済状況、産業の基礎情報、市場調査などを行う仕事。そこには、その企業と一体となった財務戦略が必要になるし、最終的には相手国における合弁企業を探す業務まで含まれる。

小林は、発展途上国へ進出を図る企業のコンサルティングを担当していた。

二つ目は、貿易に関する一切の取引業務の代行だ。

これまで下町のおばちゃんや茨城の定年退職者からの預金を担当していた僕が、企業の海外進出の仕事の手助けなどできるわけもないし、貿易に関する仕事だって、まったく英語がわからない僕にはできない。外国為替の基礎知識すら持っていない。

（ああ、ひでえところに来ちゃったなあ……）

この時、僕は本当に銀行を辞めようと思い、実は、本気で転職先を探した。

しかし、M銀行の当時の収入を確保できる会社が簡単に見つかるわけもなかった。今思い出しても、「とりあえず、様子をみていなさい」と部長に言われ、何もわからないまま過ごしていたあのひと月間は、正直言って、つらい日々であった。毎日、「辞めよう」、「いや、もう少し我慢しよう」の繰り返しだった。

「本店」の異質な空気

ただ、この時、僕を勇気づけてくれたのが、「本店勤務」という事実だった。

家を出、駅を降り、たくさんのエリート行員と共に都心のM銀行本店のビルに入る快感だけが救いだった。

そして、僕は、同期の最後尾で入行し、ずっと最後尾を走っていたと思っていたが、つらいながらも、ともあれ本店勤務を続けているうちに、あのままC級支店で営業を続けているより、この本店で働いているほうがはるかに出世の近道だと思うようになっていた。

それだけ本店は、雰囲気がちがうのである。まさに地方の小さな出城の家臣が、将軍の住む江戸城に通うのと似ていた。僕がそれまで通っていた支店は、小さな三階建てのビルだったり、上がマンションの一、二階のフロアであった。それに比べて本店はどうだ。

もちろん建物自体もそうだが、行員たちがちがった。髪型も着ているスーツも靴もちがうように見えた。そして何より、すごい緊張感がビル全体に漂っていた。

(そうか、ここで働いていないと偉くなれないな)

僕は直感的に、そう感じた。

なぜなら、本店には「目に見えないエレベーター」があったのだ。そう、「透明なエレベーター」。出世したい行員がそのエレベーターに乗りさえすれば、スーッと上に一気に上がっていく。もちろん、誰でも乗れるとはかぎらない。エレベーター前には、ものすごく長い列ができている。だが、そこに並んでいれば、いつかエレベーターに乗れる。そのエレベーターが、本店にあることに気づいたのだ。

いわば、本店人事部は、そのエレベーターの乗車券を発行している。そして、彼らがまず最初に配るのが、身近の本店勤務の行員たちだというわけである。

（そうか、俺は今度の辞令で、荻窪支店の高林を抜いたな）ということがわかった。だとしたらここ当分、頑張ってみようとも思えたし、それを待っていたかのように、タイミングよく、僕の上司が仕事をくれた。それが「対顧客為替ディーリング」だった。

「対顧客為替ディーリング」とは、顧客が行う外国為替取引のお手伝いをする仕事だ。それには、世界で起きている日々の動向をキャッチし、リアルタイムで業務を行わなければいけない。

これなら、英語は直接、必要ない。なぜなら、日本人の顧客をたくさん集めてきて、その人たちの為替取引の仲介を行い、取引のたびに手数料をいただけばいいのだから。

これが当たった。もともと僕は、小さな支店でも、誰よりもお金を集めてくるのが上手な行員だったから、為替取引を求める顧客はいくらでも集められた。実は、エリートばかりの本店には、飛び込みで顧客を集めようとする行員など、僕以外に見当たらなかったのである。

僕は、こうして、国際部でも生き残った。

するとどうだろう。並んで待っていたエレベーターの入口のドアが、僕の前で大きく開いたのである。もちろん、一挙にたくさんの人数がそのエレベーターに乗ったのだが、この時の上にスーッと昇っていく快感は一生忘れない。

(そうか、出世というのは、一段一段と階段を上っていくのではないんだ! 一段一段、外階段を上っている人よ、ご苦労さーん!)

思わず、そう叫びたくなった。

出世を妨害する「敵」は社内にいた。だが、逆に、出世するための「エレベーター」も社内にあったのである。それに気づいた時、僕はすでに、三十代半ばを過ぎていた。

第二章

銀行員「性悪説」

『半沢直樹』人気の意外な理由

今、改めて思うが、ひとりの銀行員を主人公にした平成二十五年のＴＢＳテレビドラマ『半沢直樹』の人気は、実にすさまじかった。

視聴率うんぬんに関しては、僕は門外漢だから何も言えない。だが、実際、僕も名前が似ているだけでなく、若い頃から銀行内で言いたいことを言い、やりたいことをやって出世してきたこともあったせいか、「お前がモデルだろ？」という電話が毎週放送終了後、何本もかかってきたことだけでも、ドラマの人気ぶりがよくわかるというものだった。

だが、なぜ、あのドラマがあれほど視聴者に受けたのか、期待以上の高視聴率を誇ったのか、その「本当の理由」をあなたはおわかりだろうか。

実は、僕には、その最大の理由がよくわかる。僕はドラマの熱心な視聴者ではないが、その答えは明白だ。

これまであまり知られていなかった銀行の内部が明らかにされたということもあるだろうし、もちろん、主演した堺雅人さんをはじめとした俳優陣の演技、いじめられた上司への復讐、流行語にもなった「倍返し」もたしかに大きな魅力ではあった。

しかし、主人公と同じような人生を歩んできた僕から見れば、あのドラマがおもしろかったのは、半沢直樹という主人公がメガバンクの大都市の主要支店のエリート「融資課長」という前提で作られていたからだと断言していい。

言い換えれば、主人公は同じ銀行員であっても、そこらの銀行にいる単なる銀行員ではない。彼は、メガバンクの重要支店の超エリート行員であり、しかも、融資課長であったこと、つまり、半沢直樹がこの地位にいなければ、あのようなドラマは成立しないということだ。そこが、あのドラマをおもしろくしたのだった。

ひとつの企業が倒産した時、取引銀行はいったいどんな態度に出るのか、そして、貸し倒れになった銀行の内部では何が起こっているのか、どうやって債権を回収するのか、不良債権の処理はどうするのか、さらには金融庁の立ち入り検査。

そこに、エリート銀行員同士の出世争いや役員の取引企業との癒着、個人的な復讐などが絡まって、ドラマは大変おもしろくなったのだが、それもこれも、主人公超エリートの「融資課長」だったからこそ起こり得たことなのだ。

なぜ、僕が改めて、「半沢直樹はメガバンクの重要支店のエリート融資課長である」ということにこだわるかと言えば、銀行の大事な業務である「融資」という仕事は、メガバンクでは本店あるいは各都市のいくつかの大支店だけで行われているもので、全国のいわゆる何百とある街なかの小さなC級支店には、「融資課」そのものすら、存在しないからだ。ということは、半沢直樹は、そこらの銀行にはいない。

では、半沢直樹は、ふだん、どんな仕事をしているのかを考察してみると、銀行というものの本質がザックリ見えてくる。

「ふんどし」と「相撲」

一般に、銀行は「お金を企業に貸して、その利ざやを稼ぐ」ことが大事な業務である。だからこそ、バブル崩壊の際に起こった取引企業倒産の連鎖による多額の不良債権により、銀行の経営が危うくなり、国費の投入という救済措置がとられたのである。

ということは、銀行の業務は、「貸してなんぼ」ということになる。

僕も経験があるが、バブルの全盛期、盛んに「プロジェクト・ファイナンス」というものが行われた。好景気のなか、湯水のように融資を実行するだけでなく、銀行が自ら融資のための投資物件を紹介したり、提案したりする。

本来なら、「こういうことをしたいので、貸してもらえないか」と企業側から相談があり、その計画を一緒に検討し、貸すか貸さないか的確に判断し、融資すると決めたら、共に協力しあい、相談しながら、そのプロジェクトを立ち上げ、成功へと導く財政面のパートナーというのが銀行における「融資」だが、バブル景気の時は、金余りのためか、銀行自らが「○○をするなら、お金を融資しますよ」とむしろ企業にセールスをしたのだから、本末転倒だ。いくら経済が未曾有の右肩上がりの時代だからといっても、これでは、不良債権が増えてもしかたがない。

そして、これは企業にかぎらない。あの当時、銀行は、勝手に計画をたて、「どうですか。お金を融資しますよ」と、私有財産を抵当にとって、個人にまで異様なほどに快く金を貸した。そのために、土地を担保にマンション建設をし、のちにローンが払えなくなったため担保ごと銀行に奪われたという一般庶民の泣けない悲劇も数知れない。

だから、一般の人たちは、銀行というところは、相談に行けば、お金を融資してくれるところだと思っている。ところが、すべての支店がそうかと思ったら、そうではないのだ。先述のごとく、融資は本店か特定のA級、またはB級支店でなければできないのだから。

ところで、銀行が企業に対して融資するには、多額の資金が必要なのはいうまでもない。そのお金は、どうするのか。

預金という名で、集めるしかない。その仕事、つまり、一般の顧客から大量に預金を集めるのが、全国の何百というC級支店である。

いわば、町の駅前や郊外の住宅地にある銀行は、「ただ、顧客からお金を集められるだけ集める」のが大事な仕事であって、そこには「融資」に関するセクションはない。

「顧客から定期預金、退職金、どんどん集めて本店に送りなさい。それが、君たちの仕事だよ。融資のことはこっちでやるから、やみくもにお金を集めて、集めて！」

郊外の小さな支店の支店長は、本店からそう言われていると思っていい。

「本店がびっくりするほど集めてみなさい。そうしたら、もう少し大きな支店の支店長にすることも考えてあげてもいいからね」

そんなことも、小さな支店の支店長は、本店の人事部から暗黙のうちに言われているかもしれない。とにかく、集金、集金。これを銀行用語で「資金吸収」と言う。

そして、僕が入行したM銀行の場合でも全国の各支店長の命令一下、毎日毎日、営業部員は「定期預金に入っていただけませんか」、「ボーナスを預金しませんか」としらみつぶしに各家庭をまわるのだ。数百に及ぶこうした小さな支店で集められた多額の預金が、本店に集約され、それが大企業の融資の資金として回され、その利ざやで、銀行の経営が成り立ち、僕ら銀行員が高額の給料を貰っているのである。

個人から金を集めて、企業に貸す。僕に言わせれば、まさに「人のふんどしで相撲をとる」の典型が銀行の業務で、言い換えれば、預金を集める「人のふんどし」が郊外型の銀行の業務で、融資をして利ざやでもうける本来の銀行業務「相撲」が本店並びにA級、B級の重要支店の仕事なのである。

僕の経歴でいえば、最初の十年は「ふんどし」関係の仕事を夢中でやり、本来やりたかった「相撲」をとれるようになったのは、ノンエリートには珍しく、本店国際部に抜擢された時からである。しかし、僕の場合は、明らかに異例である。

銀行に入っても、一生、ノンエリートの「ふんどし」行員で終わる人が多いのは、いかに「相撲」が、半沢直樹のような一部のエリートたちだけでとられているかを証明していると言っていいだろう。

一般の人たちが銀行の仕事だと思っている「ふんどし」ではなく、本来の銀行の業務である「相撲」のおもしろさを扱ったのが『半沢直樹』というドラマだったと言えば、なぜ、高視聴率であったか、その理由もおわかりになるだろう。

銀行員は自分のことしか考えない

先の例で言えば、僕はM銀行上野支店を皮切りに、十数年に亘って、ひたすら「ふんどし」行員を続けてきた。資金吸収専門である。

もちろん、その業績には自信がある。前述のように、ボロボロの家に飛び込んで千五百万円の預金も獲得してきたし、茨城県のつくば市では退官した自衛官の家の神棚の上の二千万円の退職金も預かった。

今、思えば、あの時の手柄はすべて当時の支店長のものになったわけだが、それでもどこかで「自分は頑張っている」という自負があった。

だが、こうして、これまでの長く激しかった出世レースを振り返ってみると、あの当時、僕の一生懸命やっていたことは、所詮、「ふんどし」行員の役割を忠実に果たしていたにすぎなかった。ということは、同期の少数のエリートたちは、ほとんど「ふんどし」の仕事はせずに、入行してすぐに、銀行の本来の業務の中枢である「融資」をはじめとした、いわゆる「相撲」をとっていたのである。

では、銀行の大事な業務である「融資」の仕事をしているエリートたちは、いったい何を考えて、取引企業に融資をしているのだろうか。これも、エリート銀行員の本性を暴くためにも、ここに書いておこう。

僕に言わせれば、これは「銀行員は、いったい誰のために仕事をするのか」ということと密接に関係している。

同じ命題を銀行員以外の一般の会社員にあてはめれば、どういう結果になるだろうか。選択肢は次の三つである。

「あなたは誰のために働いていますか」

次の三つのなかから選びなさい。

1　会社のため

2　顧客のため

3　自分及び家族のため

あなたなら、どれを選ぶだろうか。1か3か。

僕は、M銀行に入行以来、徹底して2の「お客さんのために」働いてきた。

特に、高額な定期預金を預かる時には、「家に置いておくより、少しでも利子がつき、なおかつ元本がどんな時にでも保証される」ことを真剣に訴えた。その情熱が信用につながり、「M銀行の加藤にまかせれば安心だ」という評判で、集金できたのだと自負している。

その気持ちは一貫していて、その後の仕事も、すべてお客さんのためであった。そして、それが最終的に、M銀行のためになると信じて疑わなかった。

だから、入行以来しばらくは、当然、多くの先輩も、また同期も含めて、銀行員は僕と同じように、すべて「顧客のために」仕事をしているものと信じてきた。家族には大変に申し訳ないが、家族は度外視して働いてきたのが僕という人間である。

だが、そんな僕の考えがまったく通用しないとわかったのは、銀行に入行して数年経ったころだった。なぜなら、多くの先輩銀行員たちがいったい「誰のために仕事をしているのか」が痛いほどよくわかったからである。

ここで、はっきり言っておこう。ほとんどの銀行員は選択肢の3、それも「自分のために」働いているのである。もう少し正確に言えば、徹底した減点主義の銀行組織のなかで、いかに「自分を守るか」――これが銀行員の正しい生き方なのであった。

顧客なんかどうでもいい、自分さえよければ――。

これを知った時は、驚いたというか、涙が出るほど情けなかった。いかに、銀行は人事が優先であろうとも、仲間の銀行員たちが「自分の身を守るために」働いているのだとは思いたくなかったからである。だが、それは、真実であった。

ある時、支店長が出席する大きな会議があった。

支店長は「手短かに言うが…」と前置きをして、いつものような要領を得ない長い話になった。しかも、それは、かなり無謀な意見であった。

だが、支店長が言うことに誰も反論しない。僕が手を上げ、支店長に「よろしいでしょうか」

と了解を求めて、立ち上がった。そして、「お言葉ですが……」と正論を述べたつもりだった。

ところが、どうだ。場は白け、沈黙が続いた。

前夜、一緒に飲んで、上司の考えに猛烈に反対し、大声を出していた同僚ですら、まったく関係ないという顔をしていた。そればかりか、ムッとしながら、僕に対する反論をする支店長に、もっともだという顔をして何度も大きくうなずいていた。もちろん、同僚だけではない。課長も、次長も、先輩たちも何も言わない。

情けない。これが、銀行員の姿か。

上司が「カラスは白い」と言ったら、全員が「そうですねえ、真っ白ですね」と言うのが銀行員だ、ということをその時、知った。

(そんなわけはないだろう!)

僕は、何度も手を上げて反論したが、多勢に無勢。白いカラスが何度も銀行の窓から飛び立っていった。もし、読者のなかに銀行員や元銀行員の方がいたら、きっと「加藤って、バカだなあ」と笑うにちがいない。この業界では、支店長の意見に反論する行員などひとりもいないし、もしそんなヤツがいたとしたら、すぐにどこかに飛ばされてしまうからだ。支店長どころか、次長、課長、主任にすら反論は許されない。

「いったん失敗をしたら、もう取り返しがつかない」という銀行の人事が、彼らを危険なことはしないという気持ちにさせてしまっているのである。

（なんだよ、こいつら！　小役人と同じじゃないか）

　今でも、そのことに気づいて愕然となったあの会議の日のことを覚えている。

雨なら傘を貸さず、天気なら無理やり貸す

「自分の身を守るために危険なことは絶対にしない」ということは、銀行の本来の業務である「融資」は、いったいどうなるのか。

　銀行が融資をせずに、預金ばかり集めていたのでは、低率だと言われても、とりあえずは利子を払うのだから、手数料だけでは収益は上がらない。だから、銀行の本業である融資をしなければ経営は成り立たない。

　だが、当然、回収が危うい会社には、融資できない。「わが身の安全第一」の銀行員が、そんな危険なことをするわけもない。しかし、融資をしてほしいのは、会社の資金繰りがうまくいかなかったりして、お金が必要だからである。だが、そんな会社に融資して、万一、不渡り手形などが出されたら元も子もない。

　だから、銀行としては、お金が今、必要とされる会社には貸さないで、儲かっている会社に

金を貸すということになる。

企業にとって、金は血液のようなものだから、金が回らなければ、企業は死ぬ。融資を求める中小企業は、まさに病人である。言い換えれば、そのための病院が銀行で、融資係は医者である。その医者が健康な人に輸血をし、治療費をもらえないかもしれないからと言って病人の手術を拒否するのだから、企業は死ぬしかないわけだ。

僕は、銀行というところは、そうした病人を支え、病気を治して、元の身体に立ち直らせるところだと思っていた。そのために、危険な手術を伴うかもしれない。そして、血液を循環させることによって、企業の命を守り、健康を回復させてこそ、銀行員冥利に尽きるというものだろうと信じてきた。

ところが、そうではなかった。

これを喩えて、また、銀行はこうも言われている。

「銀行は、雨の日には傘を貸さず、天気になれば無理やり貸す」と。

先の血液が傘に変わっただけだ。傘は、雨の日だからこそ必要だ。企業がどしゃぶりになる前に、傘を貸してこそ喜ばれる。ところが、雨の日には傘を貸さない。そして、傘の必要のない晴れた日に、「傘いりませんか」と声をかける。そんな商売のやり方をしているのが、銀行だという喩えである。

なぜ、そうなのか。

それは、銀行員の本性が、先の会議で僕に教えてくれた、何より「わが身を守りたい」からである。

つまり、万一、金を貸して多額の回収不能に陥り、銀行に迷惑をかけてしまったら、その支店長や担当の課長、さらには部下の行員まで確実に詰め腹を切らされる。いわゆる厳しい連帯責任である。しかも、その失敗は、一生、前科として彼らの人生についてまわる。

それを知っているから、万一のことを考えて、当面のお金が必要な中小企業には、いろいろな理由をつけて、融資しないのである。これが、いわゆる「貸し渋り」である。そのために、どれだけの中小企業が倒産したか、わかりゃしない。

たしかに、融資した中小企業が倒産したら、銀行員はその融資額に関係なく、大変だ。第一、書類の作成、いわゆる事務負担と呼ばれる処理だって半端ではない。本店に報告する書類の煩雑さは、頭を抱えるほどである。

たとえば、そうした書類のひとつである「当座解約通知書」は、これまで契約していた当座預金を倒産した日付を以って解約したというお知らせであり、「貸した金は返してください」という請求書も作らなければならない。さらには、多くの通帳の預金の利子を計算し、債務額から相殺する「相殺通知書」まである。

そして、それが終われば、債権回収である。担保にとってある物件のその時点における担保余力、いわゆる金銭的価値を決定し、足りない分は誰よりも早く差し押さえにいかなければならない。

その処理ができたところで、責任は免れない。これが銀行人事部の言う「だから言っただろう、雨の日に傘を貸すから濡れたんだ。傘が濡れないためには、晴れた日に貸すんだ」ということである。

言い換えれば、銀行が中小企業に融資するということは、リスクを伴うということだ。お客さんを救ってやろうと思ったら、自分がそれだけリスクを背負うわけだから、できることなら、どんな小さなリスクでも背負いたくないのが、エリート銀行員だと言っていいだろう。

ということは、銀行員は一般の顧客からお金を集め、その金を優良企業に借りてもらい、確実な利ざやを稼ぐ業務をしている、誰でもできる、実に「つまらない仕事」に一生を捧げているということである。

それで、本当にいいのか――。

僕は、そうではないと思って、銀行員になった。

僕は体育会系だが、学部は文科系だ。文科系を出た学生がこの社会で真に活躍できるのは、商社か銀行しかないのではないか。自動車メーカーや家電メーカーがあるではないか、と言うかもしれないが、商社か銀行以外は製造業かサービス業である。製造業のメインは、車であったり、電気製品だったりする。だから、理科系はいい。新製品を開発したり、消費者が喜ぶ商品を作ればいいのだから。その証拠に、彼らはそれを生きがいとしている。

一方、製造業に入った文科系はどうだ。理科系が開発したものを売るのが仕事である。薬品メーカーなど、その典型である。薬学、化学系の社員が研究開発した商品を病院にセールスに行ったり、販売店を回って製品の販売を促進する。僕はそれは文科系の「真の仕事ではない」と思っていた。

となれば、銀行は、文科系出身者にとって、最高の仕事場である。日本銀行券という商品を使って、自分の力を存分に発揮できる場所ではないか。ここに、研究や発明といった理科系が力を発揮する場は、ほとんどない。

そして、銀行業務は、官僚とは別の意味で、日本の経済の一角を担う。それゆえに、銀行には東大出や京大出の文科系のエリートたちが、自分の力を発揮するために集まるのだと信じていた。

だから、僕は若い時から、「いつか、自分が企業に融資できる立場になったら、絶対、企業と一緒になって、新規事業プロジェクトや商品開発のための資金調達を考えてやるんだ」と思っていた。そして、その企業の成功の一翼を担い、「M銀行の融資のおかげで、会社がここまで大きくなった」と言われたかった。そのために、銀行は存在し、銀行員は危険と隣り合わせというギリギリのところで金を貸し、やはり「顧客のため」に働くものだと信じていた。

何度も書くが、それが、そうではなかった。みんな、リスクを背負いたくないし、何より余計な仕事をしたくなかった。貸さなければ、仕事もしないで済むのだから。

それにしても、「何もしない」人生で本当によかったのだろうか、と、あの当時の銀行の先輩たちの顔を思い浮かべている。「つつがなく」定年を迎えたということは、長い人生で、何もしなかったということだ。

言われるままに転勤を繰り返し、四十歳を過ぎてから、その銀行から出向させられて、小さな会社に行き、そのまま定年を迎えた人たちのことを考えると、一度しかなかった人生、もったいなかったと思わざるを得ない。

実は、ドラマの『半沢直樹』は一般の視聴者だけでなく、銀行員の間でも大変に話題になった。それもこれも、すべての責任を押し付けようとする上司に向かって債権回収に走り回ったり、顧客を守ろうと必死になるあんな銀行員など、「自分の身を守る」ことしか念頭にない行員ばかりの銀行には、もともと存在しないからである。

銀行から「不祥事」はなくならない

ここまで僕は、若い頃を思い出して、「千五百万円、車に積んで運んだ」とか、「神棚に上がっていた二千万円の札束を預かった」とか簡単に書いてきた。

だが、よく考えてみたら、これは僕が銀行員だからお客さんは大金を預けてくれるわけで、たとえ預り証を書いたところで、普通の人は、そう簡単に見ず知らずの他人に手持ちの現金を、たとえ一万円でも渡さないだろう。

その意味でも、銀行員という職業は、不思議である。「M銀行から来ました」と言っただけで、現金を渡してくれるのだから。

最近、オレオレ詐欺が流行っているが、お客さんにとって、家を訪れた人に大事な現金を手渡す感覚は、息子の同僚だと言うその男をよほど信頼していなければできない。オレオレ詐欺は、息子を心配するあまり、現れた男に大金を預ける。それと同じで、お客さんは僕を詐欺師ではないと信じているからこそ、家に置いてあった大金を手渡ししてくれたのだ。

また、僕だって、そうだ。大金を預かって、銀行に持って帰るのが日常の仕事だと思っているから、たくさんの札束をボロ車の助手席に平気でポンと軽く置いたりしていた。これ、考えようによってはとてもおかしなことである。

そういえば、こんなことがあった。

僕が支店長をしていたあるＡ級支店がビルの新築に伴い、引越しすることになった。引越しは業務が終わった夜に行われた。すると、どうだろう。移った新しいビルの一室の床という床に、現金の山があちらこちらにできている。

さすがの度胸のいい僕も、「おいおい、大丈夫か」と思ったほどだ。「はい、今、金庫に入れます」と、ひとりの若い行員が軽く答えていたが、ひと束百万円の札束が山のように積み上げられているのを平然と見たり、平気で持ち上げたり、運んだりするのも、銀行員なのだ。

精神も安定し、仕事も順調で、家庭も円満な時は、これでいい。しかし、もし、情緒が不安定になり、会社でも嫌なことがあり、さらに、家庭が崩壊し、金銭的に行き詰まった銀行員がいたとして、そんな状態の彼が日常的に、この現金という名の商品をきちんと扱えるものだろうか。

銀行では、入行すると「ここにあるのは、商品であって、決して現金ではない」ということを強く教えられる。しかし、どう見ても現金である。一万円札が数え切れないほどあるし、一生かかっても手に出来ない札束が、平気で右に左に動いている。

毎日、毎日、上司に怒られ、異動にびくびくしながら一カ月働いたところで、給料はそのなかの何十枚しかもらえない。しかし、ここには、目のくらむような札束があり、それを自分は業務上とはいえ、上司から任され、札束を自由に取り扱っている。

（自分はものすごく金を必要としている。そして、今、札束を数えている。幸い、誰も見ていない。一枚ぐらい、抜いてもわからないだろう）

世の中には、これだけたくさんの銀行員がいるのだ。なかには、そう考える行員がいてもおかしくない。

（いや、そんな邪心を持った銀行員には絶対いない！）と、銀行側は行員を信じ、心底、そう思っているのだろうか——。

実は、銀行というところは、銀行員を信じてなどいやしない。

むしろ、銀行は「銀行員は、悪いことをする」という性悪説で成り立っていると言っていい。銀行が採用し、銀行のために働かせていながら、銀行は行員をまったくと言っていいほど、信じていない。いや、むしろ疑っている。それが、銀行なのである。

極端なことを言えば、銀行というところは、鰹節の倉庫があって、たくさんの削った鰹節が山積みされているところに、毎日、猫が通っているようなものなのだ。

「人は悪いことをしながら、よいことをし、よいことをしながら、悪いことをする」

これは、池波正太郎の「鬼平犯科帳」に出てくる言葉だが、これが銀行員にもあてはまるというものだ。

つまり、現金が商品である銀行では、金銭にまつわる不祥事はなくならないということである。

実際、後年、僕が大出世をして、支店長に抜擢された時、最初に気をつけたのは、その支店に勤めている部下の行員たちの不祥事だった。

僕もまた、はじめから、自分の支店の行員たちを基本的に信用していなかった。そして、申し訳ないが、「銀行員は、悪いことをするものだ」と思って、観察の目を緩めなかった。なぜなら、部下を信用して、万一のことがあったら責任をとらされ、詰め腹を切らされるのは、他ならぬ支店長の僕だからである。

言い方を換えれば、支店長とは部下を信頼しているように見せて働かせ、決して、信じていない冷たい人でないとやっていけない。

実際、支店長として、部下たちをそうした目で容赦なくチェックを続けていると、いろいろなことが見えてくる。

たとえば、女性行員に頻繁に私用電話がかかってくる。これが楽しそうなら問題はない。顔色をうかがっていると、表情が曇る。あたりを警戒している素振りが見える。

そんな時には、直感で「何かがある」と判断し、以後、マークする。考えられることは、「男」

である。何か、弱みを握られて脅かされているかもしれないからである。

また、男性行員の場合は、まったく意外な場所で、部下を見かけた時は要注意だ。その彼が営業課員だとしても、仕事の時間内にわざわざ担当ではない地域にいるということは、サラ金、ヤミ金関係が疑われる。自分の仕事エリア内で見つかってはまずいことをしている可能性が高いからである。

そういう場合は、ことが大きくならないうちに、支店長は経理課を通して、本人の通帳をチェックすることにしている。こういう時は、銀行は便利である。なぜなら、給料の支払いは自分の勤めている銀行の通帳に振り込まれるからだ。

通帳を見れば、一目瞭然だ。給料が入ってから支払いが続けば、ローン地獄か、バクチが疑われるし、入金があれば、入金先がわかるからである。

もちろん、こんなことを支店長がしていることがわかったら大変だ。個人情報保護法に真っ先に引っかかる。上司が部下の通帳をチェックするなんて、絶対にあってはならないからである。だが、銀行は、密かに、そんなことまで平気でやる。

なぜなら、銀行が現金という名の商品を扱うところであり、そこで働く行員たちをまったく信用していないからである。

銀行員の不祥事①——男は借金

これは意外に知られていないことだが、銀行における不祥事は、新聞沙汰にこそならないが、それは各銀行が発表しないか、瞬間見つからないだけで、日本中のどこかの銀行で連日のように起こっていると言っていいだろう。

やはり、猫に鰹節、泣く子に乳首、そして銀行員に現金なのである。目の前に現金があれば、「ついつい」手を出す銀行員がいてもおかしくない。

言い換えれば、銀行というところは、犯罪が非常に起こりやすいところであり、それが小さな犯罪ならば、できるかぎり行内処理で済ませているのである。もちろん、大金の横領や反社会的勢力への融資など、やむを得ず、公表せざるを得ないものは表沙汰にするが、少額の業務上横領などは、解雇などで済ませ、クレームがあった場合も、ほとんどの揉め事や不祥事はなるべく示談で解決している。

なぜ、表沙汰にしないか。何より、顧客から預金を預かっているだけに、行員による不祥事は、銀行の根幹である信用にかかわることだからである。言い換えれば、そのために、常日頃から、犯罪を未然に防ぐべく、本店検査部によるヒアリングが行われていると言っていいだろう。

それでもなお、不祥事はなくならない。

男性行員が起こしやすい不祥事の多くは、やはりサラリーマン金融、ヤミ金融である。しかも、その犯罪の温床であるサラ金に銀行が融資しているというのだから、始末が悪い。それがめぐりめぐって、行員がひっかかってしまうのだ。

もちろん、サラ金、ヤミ金関係による脅しの電話が銀行にかかってくることも少なくない。

「オラオラオラ～　この野郎、金返せよ～　借りた金、返せや～　銀行に乗り込んでいくぞ、オラ～！」

彼らにとって銀行員ほど貸しやすい人種はいないだろう。確実な高給取りであり、バックには、なにしろ、銀行がついている。銀行は信用が第一である。だから、表沙汰にしたくないだろう。しかも、銀行員は逃げられない。だから、サラ金は喜んで、いくらでもお金を貸すのである。もちろん、行員には口が酸っぱくなるほど注意しているのだが、サラ金から金を借りる行員の数は減らない。

銀行員がなぜ、サラ金に手を出すのか。それは、ほとんど競輪、競馬、競艇、麻雀などのギャンブルが原因である。真面目だと言われている銀行員がなぜ、そんなバクチに手を出すのか、その理由は定かではないが、私の知っているかぎりでも、ギャンブルに凝っている銀行員はかなりいた。

僕が支店長時代、こんなことがあった。

ある行員のもとに、電話がよくかかってくるという噂が耳に入ったので、僕は事情を調べるべく彼を支店長室に呼び出した。

「なんですか？」

「いや、君のところによく外部から電話がかかってくるらしいんだけど、まさかサラ金じゃないよな」

「そんな、僕はサラ金からお金なんか借りてませんよ。近々に大学の同窓会があるんで僕が幹事なもので、それで電話がかかってくるんじゃないですか」

「そうか、それならいいんだ。すまん。ちょっと気になったものだからね」

もちろん、それで終わったわけではない。むしろ、疑いが濃厚になった僕は、次長や直属の上司に命じて、彼を密かにマークし続けた。電話は相変わらず、鳴り続ける。そんなある日、「彼のバッグのなかに札束がいくつか入ってるのが見えた」と彼の直属の上司から支店長室に電話が入った。

早速、彼にバッグを持って、支店長室に来るように命じた。彼は不満そうに、口を尖らせている。

「ちょっとバッグを開けてごらん」

彼は素直に自分のカバンを開けた。百万円の札束が三束入っていた。

「それ、どうしたの、君のお金だよね」

「はい、僕のお金です」

「なんで、現金で持っているの」

「僕は、現金を持ち歩く主義ですから。いいでしょう、僕のお金なんだから」

「バカヤロー！　てめえの金を大量に持ち歩く銀行員なんかいるもんけえ！」

僕が支店長とも思えない下町のべらんめえ口調で怒鳴ったものだから、まわりは一瞬で凍りついた。

実は、僕は、彼の営業区域、担当する顧客を全部調べ上げ、彼があるお年寄りに「金を特別に増やしてあげる」と言い寄り、通帳を預かり、現金三百五十万円預かったという証拠をつかんでいたのである。

彼は、競艇に狂い、給料だけでは足らずにサラ金にまで手を出し、あげくに、その支払いに追われ、あろうことか、銀行員であるというだけで信頼していた顧客を騙して、その金で借金を支払おうとしたのである。彼は、あくまで一時的に借用したと言い張るが、銀行員が顧客を騙した罪は重い。

僕は彼の上司に「一緒に行って、すぐにお客さんに現金を返してくるように」と指示し、彼には一身上の都合という理由で辞表を書くように迫った。解雇でなく、辞職ならば、退職金が出るからである。同じ釜の飯を食った男同士の、支店長のせめてもの情けである。

「M銀行〇〇支店　営業課△△△△　願いにより職を解く」

これで、一件、業務上横領の罪が闇に消えた。言っておくが、こんなことは銀行業界では、日常茶飯事のことである。

また、どうもサラ金に追われているようだが、はっきりとした証拠がつかめない時は、本店人事部と密かに連絡をとり、いったん地方の支店に異動させることもある。その際、前もって、そのための異動だということを向こうの支店長に言っておくのである。その行員の名を仮に佐藤大輔としておく。

「すいません、今度そちらの支店に異動になった佐藤大輔ですがね、どうもサラ金から追われているらしいんですけど、こっちではっきりとした証拠がつかめないんですよ。本店には連絡してありますんで、申し訳ないんですけどね、そっちで様子を見て、連絡をしてくれませんか」

事件が起こってから行員を人事異動させたら問題だが、お互い、前もって話がつけば、問題はない。そして、案の定、異動が起こってから、明らかに、こっちの支店には電話はなくなり、向こうの支店の電話がしつこく鳴った。これで、佐藤がサラ金に追われていたことが判明した。

向こうの支店長が問い詰めたところ、やはりギャンブルでサラ金に手を染めてしまったと言う。支店長は、説諭のあと、知り合いの弁護士を通じて、サラ金には最小限の支払いにさせたが、佐藤はしばらくして退職したそうだ。

銀行員の不祥事②――ＡＴＭからお金が消えた！

次の例も、僕のまわりで実際に起こった不祥事だ。

どの銀行にもキャッシュ・ディスペンサー、いわゆるＡＴＭが設置されている。よく、パワーショベルなどの大型機械を使って、ＡＴＭごと持っていくという犯罪が起こったことがあったが、考えてみれば、あのなかには大金があるのだから、犯罪者にとってはそれこそ、猫に鰹節どころか、猫にマタタビである。

しかし、それはまた、銀行員にとってもかなりの誘惑でもある。なぜなら、銀行のＡＴＭの内部に現金を入金するのも銀行員の仕事だからだ。

銀行内のあの一台のＡＴＭにいったいいくらぐらいのお金が入っているとお思いだろうか。

まあ、平均して一台あたり出金件数が二百件、一回五十万円だと仮定すれば、一億円。つまり、一万円札が一万枚入っていることになる。しかし、出金ばかりではなく、入金もあり、しかも、その入金されたお金がまた出金にまわるように設計されているので、すぐに取り扱い停止ということにはならないようになっている。

しかも、そのＡＴＭに札束を補充するのは、銀行員である（委託された警備会社の場合もある）。

ある時、計算したら、一台のＡＴＭの出金・入金と合計が合わないことがあった。知らせを聞いて、僕もＡＴＭの計算合わせに参加した。

「おい、おかしいな。もう一度、やってみよう」

何度やっても同じだった。数字が合わない。

「あれ、なんで合わないんだ？　現金が二十万足りないぜ。おい、誰だ、現金を補充したのは？」

「今日は補充してませんね。昨日、補充してます」

「誰が補充した」

「川村さんです」

「じゃあ、川村を呼んでこいよ」

僕がそう指示すると、川村司郎は、真っ青な顔をしてやってきた。

「あっ、それ、僕が補充します」

「何とぼけたことを言ってるんだよ。お前、まさか」

ATMは、残枚数が少なくなると、モニターに「要補充」と書かれた文字が出る。これを放っておくと、「取扱中止」になって、お客さんに迷惑がかかるので、二日に一回ほどお札を補充する決まりになっている。特に、給料日や年金の支払日のあと、さらには年末やGW前には、十分に補充しておかないと、支店長らが休日出勤し、大変なことになる。

ここ数年、その役を担っていたのが、ベテラン行員の川村だった。真面目の前に「クソ」がつくほど、要領は悪いが実直な男だった。頭はかなり薄くなっていたが、肌は若々しく、毎年の新入行員の指導役をいつも支店長からまかされていた。そして、誰もが、彼を信用していた。

その川村は顔面蒼白だった。彼が一万円札補充の際、このATMから二十万円抜いたのは明らかだった。足がガタガタ震えていた。

急に金が必要となり、仕事でバサーッと札束を補充した時、次の補充の時に返せばよいと勝手に判断し、補充する一万円札の束から二十枚抜いたのだった。ほんの出来心にしては、あまりにも安易だった。きっと、彼は、まさか、今日、突然、ATMの収支合わせをするとは思わなかったにちがいない。

「盗むつもりはありませんでした。ただ、魔が差して」

「そりゃ、そうだ。こんなことやったら、誰が抜いたか、犯人がすぐにわかるじゃないか。バカか、おめえは！」

川村には、その年、難関と呼ばれた一流大学に合格したひとり娘がいた。二流大学卒の彼にとっては、自慢の娘だった。だが、何十年とコツコツ真面目に働いて、娘をここまで育てあげた苦労もこの不祥事で一瞬で水の泡と消えた。本店人事部が知るところとなり、マスコミに知られる前に、たった二十万円で、彼は懲戒免職になった。

目の前の一億円の札束を無造作にＡＴＭに入れる仕事を長く続けていたら、人はどうなるか。まさに、「銀行員性悪説」がこんなところで試されているのかもしれない。

銀行員の不祥事③——九億円の恋

僕がこの銀行業界に入る十年前に、銀行を舞台にした女性行員による九億円横領事件が発生し、日本中で話題になった。今から四十年ほど前の九億円である。どれだけ高額だったか、想像がつくだろう。

犯人の名は竹内加奈子（仮名）と山下敏郎（仮名）。逮捕された時、加奈子は四十二歳、敏郎は三十三歳だった。あえて銀行名は伏せるが、近畿地方を代表する地方銀行である。仮にＫ銀行としておこう。

竹内加奈子は、このＫ銀行のベテラン行員だった。高校を卒業するとすぐに入行し、Ｋ銀行のメイン支店のひとつ、中央支店に配属になった。決して美人ではないが、仕事ぶりも真面目で、性格もおとなしく、黙々と窓口業務をこなし、後輩女子行員にも慕われていた。

　そんな加奈子が敏郎と出会ったのは、八年前。加奈子が三十四歳、敏郎が二十五歳の時だった。休日の夜、独身の加奈子が年下の女友だちと町のレストランで食事をしていた時に、偶然、入ってきた敏郎がその友だちの幼馴染みだと聞いて、一緒に飲んだり、食べたりしたのがきっかけだった。

　加奈子は、若く明るい敏郎に好感を持った。その晩の支払いはすべて敏郎のおごりだった。今思えば、敏郎が競艇でたまたま儲けたお金だったかもしれない。「もう一軒、いかない？」という誘いに乗って、敏郎の行きつけのスナックに行った。

　楽しかった。銀行でおとなしく地道に働いている加奈子にとって、若い男の闊達な笑顔はたまらない魅力だった。この時、加奈子がどこかの中小企業に勤めるＯＬであれば問題はこれほど大きくならなかった。だが、彼女は敏郎に地元のＫ銀行に勤務している行員であることをなにげなく伝えてしまったのである。

　この夜から、ふたりの交際ははじまった。そして、加奈子の敏郎への思いは深まっていった。

「加奈子さん、ちょっとお願いがあるんだけど…。お金、貸してくれませんか。すぐに返すから」

ある夜、敏郎は加奈子にそう言った。あとは、書くまでもないだろう。最初は自分の預金をおろして渡していた加奈子だったが、ついに銀行の金を偽造の伝票で引き出すようになった。まさに、彼女が銀行員であることを敏郎に利用されたのである。

今は、簡単にはできないようになっているが、当時はかなりの額も一女子行員の手で造作もなく金が動いたのである。しかも、その数年間、誰もそのことに気づかなかったのも、今思えば、不思議なことである。

敏郎の要求はますますエスカレートし、毎日のように中央支店に電話をかけては金を催促した。加奈子がその要求に躊躇すると、結婚話や心中話をちらつかせ、時には「いっそ、全部バラそうか」と脅した。加奈子はそのたびに金を渡し続け、その額はなんと九億円に上った。当時の大卒の銀行員の初任給が十万円に満たない時代の九億円である。支店長は、いったい何をやっていたのか、という話である。

（もう死んで、銀行にお詫びするしかない）と思った加奈子は、実家に帰っていた敏郎に電話をかけた。

「わかった。睡眠薬を買っておけ。一緒に飲んで死のう」と言ったが、「その前に最後にふたりでパーッと遊ぼう。その金、頼むわ」と加奈子にさらに金を要求した。

数日後、銀行に内部監査が入ることを知った加奈子は、旅先で心中しようと大阪空港で二人分のチケットを買って、敏郎と待ち合わせた。やってきた敏郎は、心中どころか、「内部監査で逃げる？　じゃあ、どこかで住み込みで働け！」と加奈子のはめていた指輪やネックレスまで奪い取り、去っていった。ひどい男と知り合ったものだ。

のちの自供で判明したが、加奈子はこの時はじめて自分が騙されていたことに気づいたというのだから、始末におえない。さすがに、今、こんな素朴な女子銀行員はいないだろうが、それにしても哀れである。

内部監査で、竹内加奈子の犯行がわかり、警察は山下敏郎を逮捕し、加奈子の行方を追った。

その後、加奈子は飲食店の皿洗いをしながら、偽名でアパートを借りて潜伏していたが、一年後に居所が判明し、逮捕された。所持金はわずか四万円だった。

加奈子は、敏郎が独身だと信じていたが、逮捕後、妻子持ちだと知って愕然としたそうだ。

あとで判明したことだが、加奈子がＫ銀行から持ち出した九億円のうち、敏郎は競艇に三億円、遊興費に一億円、実兄の金融会社に五千万円、自宅購入費に一億円使ったことだけはわかっている。

裁判の結果、加奈子は懲役八年、敏郎は懲役十年が確定したが、すでに、ふたりは出所している。

しかし、事件発覚後、このK銀行の頭取、役員はいったいどうしただろう。当然、株主総会で激しく責任を追及され、辞任したのは間違いない。それより、僕には部下の女子行員のこの横領にはじめて気づいた時の、中央支店の支店長が何を思ったか、それが気になってしかたがない。心臓が止まるような思いをしただろう。警察による取調べはもちろんだが、本店人事部による叱責はいかなるものだっただろうか。そして、その後の処遇は……。

もし、わが身に起こったことだとしたら、どうだろう。毎日、自分を責め、これ以上ない地獄の苦しみを味わったにちがいない。

銀行員の不祥事④——殺人

このように、銀行員の犯罪で一番多いのは目の前の札束に目がくらんで起こす「横領」だが、たまに、その「横領」が見つかって、顧客を殺害してしまう事件が起きるから目も当てられない。

これは、約二十年ほど前、F銀行の某支店で起こった事件である。

この支店に勤務していた行員武田光夫（仮名）は、マッサージ師の老夫婦の担当だった。

老夫婦は、いつも家に通って来てくれる大手銀行員の武田を信用し、普通預金のなかから二千五百万円を定期預金にしてほしいと頼み、通帳と印鑑を預けた。

　武田は、支店に戻り、普通預金から二千五百万円はおろしたが、その金を、前々から融資を頼まれていた運送会社を営んでいる友人に貸した。

　銀行員がその地位を利用して、銀行を通さずに第三者に融資すること、たとえ、それが自分のお金であってもいけないのだ。これを「浮き貸し」と言って、それだけでも出資法違反、つまり、武田の行為は犯罪であった。

　さらに事態は悪化した。老夫婦の金を融資した運送会社が倒産し、預かった二千五百万円が消えた。もちろん、そんな大金を埋め合わせることは、三十二歳の武田には不可能だった。そんな時、武田に人事異動の告知があった。老夫婦の新しい担当者が決まれば、自分の犯罪が判明してしまう。なぜなら、預り証として、自分のサインと判子をついた名刺を老夫婦に渡してあるからだ。

　そこで、武田はあろうことか、老夫婦の家を訪問し、夫と妻を絞殺。老夫婦宅にあった預り証を奪い、何食わぬ顔をして次の支店に異動していった。

　二日後、老夫婦の遺体が発見され、通帳から二千五百万円が引き出されたままになっていることで、武田が任意同行、事情聴取を受け、自供したため逮捕となった。一審は死刑判決だったが、メガバンクが銀行の名誉のために、遺族に高額な金品を授与したため、二審の無期懲役で結審した。

銀行員は、真面目で、信用がおける——本当にそうだろうか。

二、三年で異動する理由

実は、こうしたことが新聞記事になる前に、検査部や人事部の手によって闇に葬った「事件」は数知れない。僕が知っているかぎりでも、当事者だけを懲戒免職にして、何もなかったように処理した事例は、M銀行内だけでも、かなりの数に上る。

それほど、銀行というところは、放っておけば、犯罪が起こりやすい。

そこで、銀行側が準備した不祥事防御策が、頻繁な人事異動である。つまり、「長く同じ支店にいれば、銀行員は必ず悪いことをする」という「銀行員性悪説」に対し、悪さをする前に、行員たちを異動させることで、不祥事を防止しようという作戦だ。

でも、どうして、長く同じ支店にいると犯罪が起こりやすいのだろうか。

営業で起こるのは、顧客との癒着である。長く同じ支店にいると、そうしても顧客と親しくなる。いわゆるお得意さんができる。すると、大金を預かっても、緊張感も薄れ、「このお客さんなら、一日ぐらい入金が遅れても大丈夫だろう」とか甘えが出るだけでなく、接待を受けたり、場合によっては、「資金繰りが苦しいんで、何とかしてくれないか」と顧客から訴えられやすくなる。それに対して、むげには断れないのも、癒着が原因だ。

顧客への親切な対応はたしかに必要だが、銀行員にとって同情は禁物だ。長くいれば、お客さんに対して私情が入る。これが、犯罪に結びついてしまいやすい。

事務系で言えば、慣れによる現金事故。特に、女性行員の場合には、長い間に男の影が忍び寄る可能性も高いので、最近では、転勤させにくい女性行員よりも、同じ女性でも、派遣社員を使っているケースが多いようだ。派遣社員なら、転勤も必要ないし、万一、横領事件が発生しても、それは派遣会社の全面的な責任だからである。

また、長く同じ支店に勤務していると、待遇面での不満も発生しやすい。支店長と合わないまま、長く勤めていれば、当然、不満も出てくる。そうなると、ストレスを発散させるために遊興に走りやすくなり、金遣いが荒くなるケースも考えられる。これが不祥事につながることが多い。

では、そうしたことを防ぐ目的で行われる銀行の人事異動は、いったいどのくらいのペースで行われるのか。

おおむね、二～三年に一度のペースで行われる。言い換えれば、ごく一部のエリートを除く大半の銀行員は、全国津々浦々の支店をぐるぐる転勤する人生を送るのだ。

さらに、銀行の人事異動が他の一般企業と異なるのは、通常の企業では、異動が行われる前に本人にあらかじめ打診が行われるのに対し、銀行は「不意打ち」である。原則として、打診はない。

しかも人事の発令は、なんと毎月最初の日。異動がある支店には、前の月の月末に開封厳禁と判子がついた支店長宛の封筒が届く。そして、一日が土曜日や休日でなければ、一日の朝礼で、異動がいきなり支店長の口から発せられるのだ。

実は、その封筒が届くと、めざとい女子行員たちの間から「今月は、うちの支店で異動があるらしいわよ。誰かしら、飛ぶの？」などと噂話に花が咲くから、当日の朝は、身に覚えがある行員たちは、戦々恐々である。

なぜ、戦々恐々なのか。なぜなら、異動が決まったら、その日に異動先に行かなければならないからである。それが九州だろうと、北海道であろうと、異動先の支店に、とりあえず挨拶に行くのが銀行員のしきたりなのである。二、三日、挨拶回りをまず終えて、向こうでの住む部屋を確保し、それから戻ってきて、社内の荷物の整理をして、必要なものは新しい支店に宅配便で送る。ちなみに、その費用は自腹である。

その夜、送別会があって、もう翌日からは、新たな支店での毎日がはじまる。家族がある人は大変である。住民票の届けから、子供の転校の手続きもしなければならないし、引越しの準備も待ったなしだ。

実際、僕の同期の広沢というヤツも、三十五歳で東京の郊外に建売住宅を購入したばかりで、地方勤務となり、その後、転々として、戻ってきた時にはその家は築十五年になっていたという笑えない話が珍しくないのが、銀行員なのである。

僕は、幸いなことに、人事異動で遠くに行ったのは、札幌ぐらいなもので、異動は何回もしたものの、東京近郊での勤務が多かったのは幸いだった。

こうした異常にも見える銀行の人事異動は、すべて「長く同じ支店に勤務していると、必ず悪いことをする」という銀行員性悪説に基づいているということがおわかりになったであろうか。

次章は、銀行員になったなら、誰でも一回は憧れる「支店長」にスポットライトを当ててみることにする。

第三章

支店長になれる人、なれない人

クソ上司物語

話を僕の出世レースに戻そう。

ここまで書いてきたように、僕は大学を卒業後、M銀行上野支店に入行して以来、新規開店した松戸支店、そして本店国際部と、二十代から三十代前半まで、とにかく一生懸命、「お客さんのため」をモットーに働いてきた。「フォア・ミー」が当たり前の業界で僕は「フォア・ユー」を心に秘めて集金を続けてきたのだと言っていいだろう。

しかし、今思えば、その間、銀行の直属の上司にそのつど、いじめられてきたのも事実である。言っておくが、どこの企業に入社しても、いじめはあるのだろうが、銀行のいじめは他業種に比べて、かなり陰湿だと僕は思う。

その原因もまた、銀行員という職種にある。

たとえば、一般企業では、さまざまな性格の人間たちが入社してくるが、銀行に入ってくる人たちは、どんなヤツだろうか。

明るく、豪放磊落なヤツ、面倒見のいい親分肌のヤツなんか、銀行に入りたがるわけもない。

だいたい、超がつくほど真面目で、勉強が好きで、根クラなヤツらが集まるのが銀行だ。そんなヤツらが出世争いをするのだから、いじめも当然、陰湿だ。

僕は体育会系だし、最初から出世コースに乗っていなかったから、先輩の「しごき」と称するいじめには慣れていたので適当に仕返しをしたし、それなりに耐えられたが、真面目で気の優しい一般行員は、やられっぱなしで、余計なお世話だが、さぞ大変だったのではないかと推察する。

テレビドラマの『半沢直樹』にも、結構憎らしい上司が出てきた。

「どうなんだい、融資課長。あんた、ちょっといい加減すぎやしないか」と言われて、主人公が「いい加減じゃありません」と言えば、「じゃあ、聞くけどさ、その記録はこのファイルのどこにあるっていうんだよ、えー、ないじゃないかよ、ふざけるな」などと怒鳴り散らす。もちろん、上司がファイルのなかから抜いておいた書類だから、最初から記録などあるわけがない。そんな小細工をしてまで主人公をいじめるような上司が、銀行には山ほどいるのだ。

ドラマでは、その分だけ、「倍返し」で視聴者の溜飲を下げたわけだが、現実にはそうはうまくいかない。したがって、嫌な上司にいじめられっぱなしというケースがかなり多い。銀行というところは、実にそうした「クソ上司」の多いところである。

そうだ。ここで、いい機会だから、僕が若い頃、現実に遭遇した「クソ上司」を紹介しよう。

まず、最初に出会った「クソ上司」は、僕がまだ新人でオンボロ車に乗って、東京の足立区や葛飾区を走り回り、支店の資金吸収業務に一生懸命だった頃、その支店の課長だった山内という男である。面長で、額に大きなホクロがあった。

この男、たいした才能もないが、身体を鍛えていることが自慢であった。山内課長は、誰彼となく、機会があると、自分の腕がいかに黒いか見せつけ、自分がいかにスポーツで身体を鍛えあげているかを自慢していた。

当然、当時新人だった僕にも、上着を脱ぎ、ワイシャツの袖をめくって、その腕を見せた。しかも、僕にも腕を見せろと言う。上司の命令だ。くだらないと思ったが、しかたなく、昼休みに僕も上着を脱いで、ワイシャツをめくった。

「おい、加藤、お前の腕は太いけど、なんだ、その白さは。わー、気持ち悪い。白人の女みたいだなあ。情けない。俺はほら、スポーツで鍛えているから、この黒さだ。いいか、お前も、俺を見習って、まず、肌が焼けるくらい体を鍛えるんだな」

と、いかにも偉そうにそう言った。

僕がそれを聞いた時、（え、こいつが自分の上司か？　なんて馬鹿なんだ）と思った。どう考えてもおかしいだろう。腕の黒さを誇ったところで、銀行では何の意味もない。銀行の業務は、そんなところでは決まらないのだから。

もちろん、「馬鹿は相手にしない、時間の無駄」が、僕のモットーだ。

「そうですか、課長はふだん、どんなスポーツをされているんですか」

　何はともあれ、直属の上司だ。僕は山内課長に、わざとていねいに聞いてやった。いかにも慇懃無礼な態度だったが、腕黒自慢には、そんなことは通じない。僕が下手に出たので、いい気持ちになったのか、大きな鼻の穴をふくらませると、こう言った。

「俺か、野球だよ。日曜日になると、試合だ」

　山内課長の言う『自分はスポーツで鍛えている』というのは、たかが草野球だった。原っぱで晴天の休日の昼間遊んでいれば、子供だって腕が黒くなる。僕は、剣道だから、腕が白いのは当然だ。スポーツをしていれば、肌が黒くなるとはかぎらない。

「お前も、俺を見習って、まず肌が焼けるくらい、身体を鍛えるんだな」と言った課長の声が再び聞こえてきたような気がしたので、今度、僕が学生剣道選手権で優勝した時の新聞記事の切り抜きを持ってこようか、と思ったがやめた。

　だが、以後も行内で女子行員を相手に、「おい、今度の新人の加藤の腕、真っ白だぜ」と、吹聴してまわっているのには驚いた。

　その後、誰から聞いたのか、僕が大学の体育会系だということを知って、それからは僕に腕を見せなくなったが、こんなレベルの上司も銀行にいるのだと思ったことだけは覚えている。

　次の松戸支店の時の上司も、どうしようもなかった。

当時、銀行員がスリーピースのスーツを着るのが流行だった。僕の「クソ上司」は、そうした服装に、やけにうるさかった。名前を西村と言った。西村課長は、僕が転勤して最初に課長のデスクの前に立った時、座ったまま、僕の胸を指差してこう言った。

「おい、君、スーツの一番上のボタン、外れているぞ。ダメじゃないか、しっかり締めておかなけりゃ」

（へ？）

僕は驚いた。よだれかけじゃあるまいし、ベストの上のスーツのボタンまでしっかりと留めるなどということは聞いたことがない。それこそ、まさに典型的なダサい着方だ。だから、思わずやさしく言い返してあげた。

「課長、スリーピースの上のボタンははずしておくものですよ。あんた、センスがないねえ」

僕の言い方がおもしろかったのか、まわりの数人の女子行員にウケた。

もちろん、西村課長の僕に対するいじめはその日からはじまり、やがて、それが支店長にも伝わり、本店人事部への僕の能力考課はひどいものになった。だが、当時の僕は、営業成績で勝負していたので、能力考課など、まったく気にならなかった。クソ上司にゴマをすってまで、偉くなろうと思わなかったからである。

相手が誰であろうと、言いたいことを言う。それが、僕のモットーだから、以後も西村課長には逆らった。「バッジをつけろ」と言われれば、「僕はバッジで勝負していません。僕という人間性で勝負しているんです」などと言い返した。もっとも、入行の時に渡されたバッジなど、とうの昔に紛失してしまっていたから、バッジをつけようにもつけられないのだが。

夏目漱石の「坊っちゃん」に出てくる「赤シャツ」を髣髴《ほうふつ》させる西村課長――今、思えば、僕がまったく英語もしゃべれないのにもかかわらず、本店の国際部に異動になったのは、このクソ上司に徹底的に逆らってあげたせいかもしれない。上司のいじめで一番怖いのは、人事異動なのだから。

あれが、僕に対する上司の仕返しだったのか――。それにしても、あの西村課長は今思い出しても反吐が出そうだ。

「アー・ユー・ジャパニーズ？」

そして、そんな僕をついに最大の窮地に立たせたのが、本店国際部への課長としての異動だった。

もちろん、課長になったのは飛び上がるほど嬉しかったが、それにしても、あの時、異動先が本店の国際部とは本当に驚いた。なにしろ、僕は学生時代から、英語が大の苦手だったし、英会話などできるわけもなかったからである。もちろん我が家には英語の辞書もなかった。

本店への最初の出勤日、同期の小林が心配してくれたように、早速、僕は上司である玉川次長から屈辱を受けた。

この玉川という男は、多くのライバルたちとの競争を勝ち抜いて、かなり厳しいといわれるM銀行の行内選抜試験をパスし、イギリス留学を勝ち取った経歴の持ち主であった。そして、銀行丸抱えで三年ほどケンブリッジだかオックスフォードだかに留学し、経営学修士号を取得した。もちろん、その間の給料ももらっている。

そして、現地のカレッジを卒業後、ロンドン支店での二年の「お礼奉公」を終えて帰国したという、見るからにエリート面した男だった。

しかし松戸支店の西村に比べれば、こいつのファッション・センスは悪くなかった。

スーツだって、オーソドックスだが、いかにもいい生地が使われていた。ロンドン勤務の際に、高級洋服店や靴店が立ち並ぶウエストエンドのサヴィルロー通りで作らせたものだろう。肩が少し持ち上がったビルトアップで、袖の切り返しもフラットだし、体型にフィットし、センターベンツも切り込んだスマートな形だったから、いいスーツだとすぐにわかった。M銀行の次長で、まるで頭取のような、こんな高級スーツを着ているヤツがいるとは夢にも思わなかった。

しかし、思えば、こいつも「クソ上司」だった。国際部に配属になって、二日目の朝、玉川次長は自分の席にわざわざ僕を呼び、デスクの前に立たせたままで、僕に向かってなんと、こう言い放ったのだ。

「加藤君、ちょっと小耳に挟んだんだけどね、なんでも君は英語がまったくできないんだって？」

まわりの席の女子行員たちが、一斉にこっちを見た。新任の課長に対しての明らかな挑発だった。あとでわかったことだが、この玉川というクソ上司は、前任の課長もいじめ倒し、とうとうその課長は精神科に通う羽目に陥ったという。その後釜が僕だった。だから、本店としては、次の課長が決まるまでのショートリリーフに、いじめに強い僕をジグソーゲームのピースのように、はめ込んだのだ。だったら、英語なんかわからなくたっていいわけだ。「噛ませ犬」のようなものだったのだから。

それにしても、この玉川は、嫌な野郎だ。（小耳に挟んだ？）象のような耳をして、何が小耳だ。いったい何のために、そんなことを部下たちの前で言うのだ。

僕が「はい、次長、すみません。英語はしゃべれません。今から頑張りますから、教えてください」と頭を掻き掻き言うとでも思ったのか、馬鹿タレが。冗談じゃねえよ。こっちだって、好きで国際部に来たんじゃねえ。玉川のエリート面したその言い方に、カーッと血が上った。

だが、すぐに落ち着きを取り戻した。剣道で先制攻撃で一本取られた時は、まず冷静になることが大切だ。剣道の本質は「捨て身で相打ち」。自分だけ無傷はあり得ない。狙いを定めて、もらった以上のお返しをする。それが、勝利の鉄則だ。だから、こういう時、僕は気に食わないヤツには、きっちりと言い返すことにしている。

「次長、ちょっとお聞きしたいんですがね、ここは日本の銀行でしょ」

「そうだ」

「日本の銀行なのに、なんで、英語が話せるヤツが偉いんですか。あんたは、まともな日本語ができないで、英語しか話せない、単なる英語屋次長だって、小耳どころか、みんなから聞きましたよ。アー・ユー・ジャパニーズ？」

この意外な捨て身の一撃が、玉川次長に効いた。それこそ面を食らった次長の精神がグラッと来たらしい。ファッション・センスもよく、マナーもブリティッシュ・スタイルを気取っていた男が急に取り乱した。完全な一本だ。人間、かつて言われたことのないことを言われた時に、脳が混乱するものらしい。次長は思いがけない衝撃に怒りの矛先が狂いはじめた。

「誰がそんなことを言ったんだ！」

「だから、みんなだって言ってるでしょ」

僕にそう言われて、また、彼の怒りの進路が狂った。なんと、紳士然としていた彼が、暴力に訴えようとしたのだ。次長は、僕を追い返そうと、立ち上がって思い切り僕の肩を押した。

僕は、その右の五本の指を強く押さえた。

「やるか！」

僕の目が漫画の主人公の瞳のようにメラメラ燃えあがった。まわりの行員たちも思わず立ち上がった。それを見て、次長は冷静さを取り戻したらしい。

「おい、加藤、覚えていろよ」

ロンドン帰りのエリートらしからぬ言い方だった。

「いつまでもあんたのことなんか、覚えていられませんよ。僕はエリートのあなたとちがって、忙しいいんだから」

僕は、そう言い返して、握っていた指を離した。

玉川次長が頭から湯気を出して、怒ったのは言うまでもない。

（ああ、いけねえ、ここでも言いたいことを言ってしまった）

僕は、正直、そう思って席に戻ったが、もちろん、反省する気もさらさらなかった。

史上最大の収益をあげた！

そうは言ったものの、英語がわからない僕がこの国際部で忙しいわけもない。なにしろ、わからないのは英語だけじゃない。このセクションで僕はいったい何をやったらいいのか、わからなかったのだから。ただ、あの頃、どこかで開き直っている僕がいた。

（そのうち、なんとかなるだろう）

この考え方は、銀行員に必要だ。何か思いがけないことが起こった時に、大胆不敵というか、ハラが座るというか、どこかでどっしりと構える必要がある。剣道に「蹲踞《そんきょ》の姿勢」というのがある。試合を始める前に、膝を折って構える姿勢だ。これは、その字のごとく、お互いを敬っているということを表している。そして、立ち上がり、竹刀を構える。その時の自分もまったく同じであった。

僕は余計なことは考えないことにして、何もしないまま秋の一週間が過ぎていった。

僕はまったく動かなかったが、なんと、時代が動いた。

この年、つまり一九八五年九月、ニューヨーク・セントラルパークの東南にある五つ星の豪華ホテル「プラザホテル」でＧ５（先進5カ国蔵相・中央銀行総裁会議）が行われた。Ｇ５とは、アメリカ、イギリス、フランス、ドイツ、そして、日本である。わが国からはこの会議に当時の竹下登蔵相が出席した。

この会議の目的は、ドルの安定だった。そこで、その時の為替安定に関する合意をホテルの名前を冠にして「プラザ合意」と言った。

僕が国際部に配属になったのは、まさにその時期であった。

「プラザ合意」によって、円高ドル安になったわが国は、一転して経営が苦しくなった輸出産業に便宜を図るため、日銀の公定歩合を五パーセントから二・五パーセントにした。金利が低くなれば、企業が資金を銀行から借りやすくなる。公定歩合の引き下げを機に、日本の企業は一斉に金を借り、設備投資どころか、なんと、土地や株券を買い漁った。これがバブルのはじまりである。

「ディーリング」業務なら、顧客を集めてくればいいのだから、英語は不要だった。しかも、ドルの売買に実際に手を出すのではない。あくまで、銀行は手数料をいただくだけである。

僕は、まず、「カスタマーディーラー」という、言い換えれば、対顧客用のディーラー制度を考案した。それは、これまでにない画期的な仕組みで、M銀行のディーリング・ルームに直結する直通電話を顧客である商社や企業に設置し、顧客が受話器をはずしただけで、取引が開始されるシステムを開発したのだ。そして、その受話器を無料で設置するという条件で、うちの銀行と取引をお願いしたのだ。

実は、これは外国の銀行のパクリだった。だが、誰もそれに気づかない。友人が外資系銀行にいて、「カスタマーディーラー」を利用していると聞いて、見学に行ったのだ。これが実にうまくいった。

これなら、顧客はいちいち電話をかけなくてもいい。受話器をピッと上げただけで取引ができるのだから。そのシステムを武器に、あちこち営業した。

「ドルを買いませんか、今、買い時ですよ」

僕は、本店という舞台を大いに利用し、次々と顧客を集めた。なにしろ、上野支店、松戸支店で集金のコツはいやというほど学んできたから、本店勤務の名刺を持っていけば、どこでも営業できた。

「M銀行本店　国際部資金為替課　課長　加藤直樹」

なんとカッコいい名刺だろう。この一枚の名刺は、松戸支店営業課時代の主任の名刺百枚よりも価値があった。たった一枚で、支店の時代には絶対に経験できない業務であった。

会うことができれば、あとは僕のものだった。

「加藤君、君はエリートくさくなくていいねえ」

何人の顧客にそう言われたかしれない。みんな、たった一枚の名刺で、僕が国際派のように思ってくれる。僕の持ち前のファッション・センスもこの時ほど役に立ったことはない。服装だけなら、僕だって頭取に負けないのだから。それでいながら、相変わらずの「べらんめえ」口調だから、商社、証券会社等、機関投資家の人たちに可愛がられたのかもしれない。

もちろん、お客さんのお供で夜の銀座に何度も行った。目のくらみそうな、いい女がたくさんいた。世の中には、女優よりきれいな女がいたもんだ。今まで飲んだことのない何十万円もする高級なシャンパンやブランディも飲んだ。もちろん、顧客のおごりである。それだけ、僕が彼らを儲けさせたからである。

「加藤君に感謝して、ドンペリで乾杯しよう！」

「チアーズ！」

そのぐらいの英語は言えた。しかも、バブルの黎明期。今だからはっきり言っておくが、時代の先取りをしたM銀行本店は、あの時、この僕のおかげで、「ディーリング」の手数料で大いに儲けたのである。

いや、ウソではない。その証拠に僕の活躍は、本店内にかぎらず、全国で有名になったのだった。ビジネス雑誌にも僕の特集記事が載った。なにしろ、半期であの当時の金額でなんと、十億円ほど儲けさせたのだから。

「おい、加藤君、ディーリングの仕事があってよかったな、英語の仕事でなくて」

相変わらずのブリティッシュ・スタイルで決めた玉川次長は、廊下ですれちがった時、憎憎しげにそうほざいたので、僕はにっこり笑ってこう言い返してやった。

「オー、イエース！　アイム・ア・ラッキーボーイ！」

裏の出世コース

M銀行本店国際部に勤務し、英語を使うことなく、持ち前の営業能力を発揮しはじめた頃、僕の前にひとりの男が現れた。

こいつは、英語屋玉川よりはるかにいいものを身に着けていた。アルマーニのスーツを着こなし、フェラガモの靴を履いているその男は、国際部にぶらりとやってきて、僕のデスクの前に立った。背も高い。百八十センチはあるだろう。

日本人にしては彫りの深い横顔を僕に見せながら、ゆっくりと僕のデスクに横向きに軽く腰をかけ、明らかな上から目線でこう言った。

「君が加藤直樹君か。玉川君から聞いたけど、君は英語ができないのに、ディーリングで業績を上げているんだってな。きっと君は額に汗かいて、夢中で働いているんだろう？　大変だねえ」

僕は、その態度にむかついた。第一、人の机の上に腰掛けるなんて、失礼だ。だが、上司も何も言わず、見て見ぬ振りをしている。

「何か、言いたいことがあったらはっきりと言ってください」

「加藤君、言っておくけどね、銀行では君のようにいくら肉体を武器に仕事をしたって、ちっとも偉くないよ。君の仕事のやり方は、銀行じゃなくて、炭鉱だよ。アハハハ……。これからは、頭を使いなさいよ。頭をさ。Use your head more than a hat rack!（帽子掛け以上のことに頭を使え！）わからねえか、君には英語が。ワッハッハッ……」

どうやら、僕が本店の新たな仕事で頑張ったのがおもしろくないらしい。

（なんだ、この野郎）と思うだろうが、僕はこいつを知っていた。

この嫌味な男、名前を一文字正之と言う。

僕より年は五歳ほど上だが、M銀行入行は二年先輩であった。彼は、入行以来ずっとエリートコースの本店人事部に所属しているが、実際は労働組合専従で、M銀行労働組合の中央執行委員をやっている。

向こうは、僕と会ったのははじめてだろうが、僕は彼をこれまでに何度も組合の総会で見かけていたのだ。

実は、この男、銀行業界では大変に有名な男だった。

ある年の秋、M銀行の大型支店のひとつで九州の拠点支店である福岡支店で、組合員たちによる争議が起こり、東京の本店と対立、あわやスト決行まで行きかけたことがあった。銀行のストライキなど前代未聞だ。マスコミに知れわたったら頭取もその地位が危ない。

その時に、組合員を抑えるために当時の経営陣が密かに採用したのが、某大学全共闘出身の一文字正之であった。

彼は福岡県を代表する一文字財閥の三男で、まだ二十五歳の若さでありながら、当時、銀行産業労働組合、通称の銀産労の書記長であった。銀産労とは、日本の金融関係の会社の非正規雇用者をも含むほとんどの労働者が加盟している労働組合で、現在は全国金融産業労働組合、一般に「金融ユニオン」と呼ばれている。

一文字正之がその書記長だということは、その若さで全国の銀行の組合の委員長たちのまとめ役を任されているのと同じことであった。

彼はどういう経緯かはっきりしないが、とにかくＭ銀行本店人事部に配属されると、早速問題の起こっている福岡支店に飛び、九州一円のＭ銀行各支店の委員長たちを一堂に集めた。

彼らは驚いた。某大学の全共闘時代に話題の本を執筆し、誰もがその革命的理論に舌を巻いた伝説の活動家一文字正之が、自分たちの銀行の組合に専従者として入ってきたのだから。しかも、場所は福岡である。福岡の一文字財閥は、バス会社、観光会社、広告代理店、ラーメン屋チェーンなどを持つ地元の有力企業であり、Ｍ銀行にとっては戦前の炭鉱全盛期からの大変な取引先でもある。

もし一文字財閥が他銀行に鞍替えしたら、福岡支店は大打撃を受ける。そこの御曹司で、しかも東大出のエリートが組合専従でやってきたのだから驚くのも無理はない。

「君たちの気持ちはわかる。だが、戦うには時期尚早だ。ここは、私に預けてくれないか。決して、悪いようにはしない。ここに、君たち、この連判状に支店名と各支店組合の委員長の名前を書いておいてくれ」

彼は福岡支店に乗り込むと、そう言った。そして、入行の際に密約ができていたのだろう。その連判状を本店人事部に渡した。すると、すぐに、そこに名前のある者はひとり残らず昇給、昇格した。主任は課長になり、連判状に名を連ねた各支店の組合委員長たちの給料は、かなりの割合で上がった。

「一文字正之の下に入ると、昇給し、出世する」

噂は九州から北上する。四国、中国、近畿、北陸、東海、関東甲信越、東北、北海道と各ブロックのM銀行各支店の組合が、労働組合本部の一文字中央執行委員の下に次々と組み込まれていったのである。

それでも反論する組合員もいたことはいた。だが、一文字にかかれば、赤子の手をねじるように軽く論破された。共産主義嫌いで、誰もが学生時代に一度は手にする「資本論」の表紙すら見たこともない僕にはまったく見当もつかないが、日本を代表する若手思想家一文字正之の理論武装を打ち破るには、かなりの知識とロジックが必要だったようだ。

やがて、M銀行の各支店組合の委員長のなかからブロック別の組合執行委員が生まれ、そのなかから中央委員が選出され、そのトップである中央委員長はやがて、M銀行本店人事部長を経て労務担当取締役となり、最終的には頭取になるという「裏のエリートコース」が、一文字正之の登場で、なんと、ここに誕生したのである。

一般に、組合の中央執行委員は賃金・賞与（組合用語では臨給）の引き上げ、労働時間の短縮、福利厚生の充実などの要求書を作成し、労使交渉によって、経営陣からの回答を引き出すのが役割だが、一文字正之は、「これらをすべて会社側から選ばれた人間たちによって行う」という管理システムをたったひとりで作り上げたのである。

いうなれば、これが彼の著書の原点だったのである。僕は、一文字正之が書いたその本をアマゾンで手に入れ、読んでみた。

人間に生じる「怒り」の感情は自分の自由にならないことが原因で生まれる。そして、我慢に我慢を重ねた「怒り」の矛先は、敵に向かう。これが「闘争」である。しかし、多くの人々は、その闘争に勝ち、革命が成功したあとのことを何も考えていない。そして、命を賭して勝利する。これを革命だと人は言う。だが、大事なのは、闘争後、いや、闘争中である、というのが彼の著書の真意であった。

いかに、革命後のビジョンが正しく描かれていない「闘争」が無駄であるか、過去の革命の例を挙げて述べられている。つまり、人は動物的な怒りをいかに論理的な目的に利用するか、その理論の確立こそ、今のリーダーたちに求められているのだ、という内容だった。

実は、一文字正之のその思想が、Ｍ銀行の労働組合に生かされていた。

経営者に対する全行員の怒りを利用する組合運動は、組合員全員が豊かになるために行うのではなく、リーダーが以後出世するためにやる。だから、上手に組合員をコントロールできない委員長は出世しないということだ。逆に言えば、歴代の組合の委員長は、経営者のために組合活動を行うのだからエリートだというのがＭ銀行で、一文字正之は、まさにその組合活動のカリスマだったのである。

出世を望むなら怒れ。組合運動をしっかりやれ。委員長になって、会社にその力を認めさせろ。そうすれば、一文字正之が出世を保証するというわけだ。

「Ｍ銀行の労働組合は、第二人事部である」という噂が立ったのも、当然のことである。そして実際、Ｍ銀行に以後、争議らしい争議はまったく起こらなかった。

こうして、一文字正之は、Ｍ銀行労働組合の中央執行委員を続けながら、本店人事部に君臨したのであった。人事課長、次長、そして、数年後には人事部長代理となった。Ｍ銀行の全組合員をその傘下に治めているのだから、当然のことだろう。そして、彼の後釜の人事課長、次長には、次々と組合の腹心の部下たちが昇進した。この銀行で出世するには、「組合の委員長を目指せ」が組合員の密かな合言葉になったのも、一文字が入行してからであった。

その一文字が、その後も僕の前に何度も現れ、へらず口を叩いた。僕が組合の活動を無視するのが、どうしても気に食わなかったようだった。

僕は学生時代から、中途半端な共産主義を唱える輩が大嫌いだった。学費値上げ反対闘争という名目で一般学生たちを集め、大学を相手に闘争をはじめる。その火が全国に広がった頃、彼ら執行部は日本の政財界の中枢に入り込み、ある種の条件と交換に、問題解決の手段を提案する。実際、学生運動をやっていた輩のなかには、あれほど反対していた自民党の大臣の私設秘書になった学生運動家もいたし、日本を代表する指定暴力団のブレーンに雇われたヤツも知っている。

自ら大学という学問の場に火を放ち、純粋な学生を扇動し、勢いが盛んになった頃に、消そうとする体制派におもねる。まさに、マッチポンプである。これが、学生運動家のやり方だった。僕は、そんな輩が大嫌いだった。こんな目的のために利用されるマルクスもエンゲルスもたまったものではない。

M銀行の従業員組合も、まったく同じであった。本店人事部の部長代理が絶大な権力で、陰で組合を仕切っているなんて誰も信じられないだろう。人事と組合は、本来敵でいがみ合う関係である。不当な待遇に抗議するのも組合だし、解雇に対し、断固戦う闘争を展開するのも組合であろう。だが、M銀行は、そうした「常識」に欠けている。これは、おかしい——。

「まるで銀行強盗が保安官をやるみたいなもんじゃないですか！」

ある年の春闘のシーズンに昔世話になった支店長と飲んだ時、僕がそう言ったことが、一文字に伝わったらしい。ある日、例の上から目線で、彼は僕にこう言った。

「加藤君さあ、君は体育会系なんだってね。昔、僕の後輩たちが東大で学園封鎖した時にバリケードを壊しに来た身体ばかりでかい馬鹿がたくさんいたけれど、君もよっちゃれ大学で、そうだったんじゃないの？」

「はい、そうですけど。いけませんか」

一文字が見抜いた通り、僕は学生時代、大学紛争の際に竹刀を持ってバリケードを粉砕した思い出がある。

「いけませんねえ。暴力で何事も解決しようという精神、そこには知性のかけらもありませんよ。お互いにもっと話さないと。理論で理解しあわないと。そうか、君は武闘派ですか。口で言うより手のほうが早いんですね。あー、いやだ、いやだ。M銀行という、日本を代表するわが行が、なんでこんな馬鹿を採用したんですかね」

これはほんの一例だが、顔を合わせるたびに、一文字は僕を挑発し続けた。もちろん、挑発に乗ったら負けだと思って、僕は必死で我慢し続けたが……。

退職金を投資信託に注ぎこむな!

本社の国際部で、ドルをはじめとした外国為替を売ったり買ったりする「ディーリング」を担当し、顧客を大量に獲得した功績からか、僕は二年後の異動で、本店の課長から、千葉支店の次長になった。これで、一文字と離れることができるのが何より嬉しかった。

銀行における出世は、まともなコースなら、平行員から主任、課長代理、課長、次長、副支店長、支店長の順となっており、ラインになれないスタッフは課長級が調査役、次長級が主席調査役となっている。小さな支店では、支店長の下がすぐに次長だが、わりと大きな千葉支店には、支店長をサポートする副支店長という職席があった。

ここで大事なのは、次長になったかどうかではない。どこの支店の次長になったかである。申し訳ないが、これがかつて僕がいた松戸支店や、房総半島南端の館山支店、千葉市郊外の行徳支店や浦安支店であったら、同じ千葉県だが、それはたいして喜ぶこともない昇格人事である。相撲で言えば、三段目が幕下に上がった程度のことだ。

僕の異動先の千葉支店は、その意味では、千葉県内最大の支店で、東京にも近く、ランクで言えば、B級支店格であった。そこの次長ということは、前の馬の埃をかぶって最後尾を走っていた馬としては、かなり前に進んだということである。

この頃の僕は、百五十頭の同期のなかで、トップから五十番くらいの位置にいたかもしれなかった。これも、本店という「将軍のいる城」で活躍したことによって、出世の特別エレベーターに乗れたおかげだと思う。

課長、次長、副支店長、支店長も同様で、どこの支店の課長、次長、副支店長、支店長なのかで同じ昇格でも意味が異なるのである。極端なのが、調査役と主席調査役で、同じ名称でも本店本部の調査役、主席調査役はとんでもなく偉いのだ。

ここで、次長の僕に与えられた主な仕事は、投資信託の拡販だった。いわゆる郊外型の銀行は、集金業務が中心だが、千葉支店のように各都道府県を代表するB級支店では、投資信託などの業務も行っているのだ。

しかし、この千葉支店に異動後、早速、僕を困らせる事件が起こった。

それは、僕がここに来る前から投資信託の担当をしていた佐々木という行員が、とんでもないヘマを仕出かしたからだ。

「次長、異動したてで申し訳ありませんが、助けてください。ちょっとやばいことになったんですよ」

佐々木は、ある朝、まだ、誰も出社しないのを見計らって、たまたま席にいた僕に声をかけてきたのだ。

「なんだよ、朝っぱらから、そんな青い顔をして」

聞けば、組員風の男に脅かされていると言う。原因は、佐々木が売った投資信託だった。僕が来る前のことだとはいえ、次長になった以上、無関係では済まされない。

揉め事は、こうだった。

僕がここに異動してくる一年ほど前、支店から車で二十分もかからない千葉市花見川区に住むおばあちゃんの五百万円の定期預金が満期になったので、佐々木はその継続の話のなかで、そのおばあちゃんに投資信託を話題にしたそうだ。

投資信託については皆さんご存知だろうが、一応説明しておく。

投資信託とは、投資家から集めた金をある一定の資金としてまとめ、運用の専門家が株式や債券などに投資、運用する「商品」で、その運用成果で投資家に投資額に応じて分配される仕組みの金融商品だ。

では、この「商品」はどうやって作られるかというと、いわゆる投資信託運用会社というところで作られ、その「商品」が証券会社や銀行、郵便局などで売られるわけだ。つまり、銀行は、その金融商品の販売を担当している。

こうして、集められた金を管理するのが、いわゆる信託銀行で、僕のいるM銀行が集めた投資信託の金は、当然のごとく、同系列のM信託銀行に流れていく。そして、M信託銀行は、運用会社の指示にしたがって株や債権の売買を行うというわけだ。

ということは、投資信託は、運用会社の運用方法によっては、利益を得られることもあれば、損をするということもあるということだ。

損するケースはいくらでもある。この僕だって、茨城を回って、自衛官から二千万円の退職金を預かった時にも、投資信託の話は出たが、「投資信託は余分な金でやってください。大事な退職金は注ぎこまない方がいいですよ」と言ったくらいだ。

佐々木が失敗したのは、おばあちゃんに、「投資信託は元本は保証されていない」ということをしっかりと伝えていなかったことだった。

佐々木が定期預金の満期になっておばあちゃんが手にした五百万円を丸ごと、投資信託にまわしたため、元本保証どころか、一年後に半額以下になってしまったから大変である。しかも、そのおばあちゃんの息子というのが、某組の構成員だったから話がややこしくなり、佐々木の顔が蒼白になったのであった。

聞けば、前夜、佐々木の自宅におばあちゃんの息子を名乗る一見それ風な男が現れ、奥さんを威嚇したという。奥さんが気丈に「警察を呼びますよ」と言ったので、いったん帰宅したが、その際に「明日、銀行に乗り込んでいくからと旦那に言っておけ」とその男はドスの聞いた声で告げたそうだ。

（そうか、それで、こいつは早く出勤したのか…）

それで合点がいったが、僕は次長に昇格したばかりだ。今、こいつがやったことで責任をとらされるのは真っ平だった。

しかし、話を聞いてしまった以上、「自業自得だ。自分のケツは自分で拭け」と、放っておくわけにもいかない。やがて、投資信託を担当する課長の山下が出勤してきたので、佐々木を連れて課長の席へ相談に行った。山下課長は、佐々木の話を聞くと、顧客相談室の若林室長に電話を入れた。

顧客相談室室長といえば、世間体はいいが、内容は「あらゆるクレーム収拾係」だ。

僕らは彼らを「すいませんおじさん」と呼んでいた。顧客との間に入り、とにかく謝る係だ。銀行には必ずそうした行員がいるのだ。

なぜ、そんな人たちが銀行にいるのか。実は、一般の人たちにはあまり知られていないが、銀行というところはクレーム産業なのだ。銀行が「人のふんどしで相撲をとっている」以上、しかも、絶対に損しないような構造になっているかぎり、損はすべて顧客にまわるようになっているから、必ずと言っていいほど文句が来る。だから、銀行にクレーム係がいるのは当然のことなのだ。

「すいませんおじさん」の若林室長がやってきた。

僕より五歳は上で、まだ四十代なのに頭の毛も薄く、人のよさそうな顔をしていた。彼は僕に会釈すると、課長と二言、三言交わし、すぐに全員で武田副支店長の席へ行った。もちろん、そこで話がつくわけもなく、最終的に栗山支店長の部屋に入り、小さな鳩首会談になったが、結論は思ったより簡単に出た。

横浜国立大学経済学部出で、地方大学出身の星と言われている栗山支店長が、その時、偉そうに下した言葉で言えば、「今回のこの問題に関して、当銀行としては何も悪くない。顧客に対して、人情として忍びないが業務上の過失はない」ということだった。

しかし、これでは何の解決にもならない。とはいえ、江戸北町奉行遠山の金さんではないが、僕らは、支店長の御沙汰に一件落着とばかり素直に従わなければならない。

(人情としては忍びないが、業務上の過失はない……か。なるほどなあ…)

さすが、支店長だ。もっとも、銀行は、こういうところなのだ。

おばあさんがコツコツと貯め、ようやく満期になった金を、銀行員が余計な知恵をつけ、あっと言う間に虎の子の定期預金を半分に失わせても、なんとも思わないのだ。僕だったら、「リスク」という言葉すらよく理解していない年寄りに、投資信託など絶対にやらせない。

「息子さんがやってきて、支店長に会わせろと言われたら、どうしたらいいですか」という佐々木の切羽詰った質問にも、栗山支店長は平然とこう答えた。

「私は外出している。副支店長に会わせなさい」

すると、副支店長がすかさず「私も出かける。加藤次長に」と僕を指差して言い、課長の山下までも「私も約束があるんです。次長にお任せしてよろしいですか」だ。もともと、逃げ回り体質の銀行員のこと、こういうことが起こるのは、日常茶飯事だ。

「何か問題が起こりましたら、電話をください」と、若林室長までも消えた。佐々木は、今にも泣きそうな顔になっている。

「わかった。佐々木、もし、息子さんが来たら、俺が会おう」

僕は、カッコつけるつもりはないが、「クソ上司」や「クソ課長」、「クソ相談室長」が逃げてしまった以上、自分が戦うしかないと覚悟を決めた。

反社勢力との戦い

暴力団組員風の男が、佐々木を訪ねてきたのは、午前十時半頃だった。

真っ赤なシャツの襟を黒のブレザーの外に出し、サングラスをかけ、まるで映画『仁義なき戦い』の主人公のようないでたちのその男は、店内の案内係に「佐々木って、いるか」と尋ねた。銀行というところは誰が入ってくるかわからないので、案内人と言っても、うちの銀行では元警察官をきちんと雇っている。

「どちらさまですか？」

案内人がいざという時に備えて、館内にいる他のお客さんを守ろうとしているのは、その背中の向きでもわかった。いかにもそれ風な男を案内人は入口で止めようと、立ちふさがっているからだった。

「川野。投資信託のことで、お宅の佐々木という男に話したいことがあって…」

「うかがっております。どうぞ、こちらに」

案内人は、一切、こちらに目もくれず、ロビーの端を通り抜け、川野という男を二階の顧客相談室に案内すべく階段を上がって行った。副支店長が前もって案内人に頼んでおいたにちがいない。それにしても、この案内人は、なかなか堂々としていた。

さすが、元千葉県警捜査四課、いわゆるマル暴、暴力団担当の元デカだけある。ひょっとしたら、思ったよりていねいな言葉を使った川野も、この案内人の顔を知っていたかもしれなかった。

僕は、佐々木の様子をうかがっていた。情けない。妻が言った通り、暴力団員風の川野がとうとう銀行に乗りこんで来たと思ったのだろう。落ち着かない。まだ入行数年で千葉支店に配属になっているのだから、一流大学を出ているのだろうが、こんなことで怯えているようでは、四十になったら間違いなく出向だ。

「佐々木、行くぞ!」

そう声をかけ、僕は立ち上がって、二階に向かった。案内人とすれちがった。彼は何ごともなかったように、軽く僕に会釈すると、階段を下りていった。僕は応接のドアを叩いた。

「おー」

ドアを開けると、三十代半ばの男が立ち上がり、煙草に火をつけようとしているところだった。目つきの鋭い、筋肉質の男だった。背はそれほど高くないが、二の腕の盛り上がりを見ると、アンモン(知能派やくざ)ではなく、正真正銘の武闘派にちがいない。刺青はしていない。アンモンというのは、暴力団の総務部のような仕事をする男のことで、怪しい弁護士などを抱え、暴力事件にならないようにしながら、利益を得るのをモットーとしている。「案文」から来ているらしいが、確かではない。知り合いのそっち関係の男から聞いて知っていた。

「私は加藤と言います」と、僕は、庶務課からもらったばかりのピカピカの次長の肩書の入った名刺を差し出した。すると、いきなり鋭い声が煙草の煙と共に、僕の顔にぶつかってきた。

「なんだよ、支店長じゃねえのかよ。責任者を出せ、責任者を」

「責任者を出せ！」はクレーマーの常套句だった。そこで、「責任者が不在だ」とか、「今、手が放せない」などと言い訳をすれば、相手の思う壺だ。「なぜ、責任者が出て来ないのか」、「落ち度があるからだろう」、「こっちは客だぞ」、「マスコミに言いふらすぞ」とか、こちらが逃げようとすれば、次々とそこにつけこんで、問題を大きくし、解決のための見返りを要求するのが、クレーマーのやり口だ。

だから、隙を見せたらつけこまれる。まして、相手は武闘派だ。こじれたら、厄介なことになる。転勤早々、事件にでも巻き込まれたら僕は銀行員としては命取りだ。

その手に乗るか。僕は、平然とこう言い返した。

「支店長が出かけていますので、僕が責任者です。ですから、僕がお話をうかがい、責任を持って対処します。川野さんでしたね。こっちが投資信託の担当の佐々木です」

「お前が佐々木か、昨日、お前の家に行ったぞ。お前の家がどこにあるかわかったからな。奥さんも子供もいることも知ってるぞ」

川野は、佐々木を睨んだ。佐々木は、ただ怯えきっていた。僕は言った。

「川野さん、言っておきますけど、僕のポケットの中に超小型のＩＣレコーダーが入っています。今のあなたのお話、警察に届けますよ。完全な脅迫罪ですからね。でも、いきなりそれじや卑怯ですから、消しておきましょうね」

「なに！」

もちろん、秘密諜報部員でもない僕がそんな機器を持っているわけもない。ただ、「脅しには決して屈しない」という態度を見せただけのことだった。僕は、入ってもいないＩＣレコーダーをさもいじるように背広の裏のポケットに手を入れた。

「川野さんもお忙しいでしょうから、本題に入りませんか」

僕が低い声でそう言ったのをきっかけにして、クレームを聞いた。佐々木が告白したことと同じ話だった。だが、おばあちゃんに渡したパンフレットや契約書に「元本は保証されない」と書いてある以上、こちらに落ち度はまったくなかった。それを、僕はゆっくりと川野という男に説明した。

「つまり、おふくろが全面的に悪いってことか」

男は、キッとした目で僕を睨みつけた。

「いえ、そんなことは言っていません。あなたのお母様はたまたま、損をされたということです。逆に言えば、かなり儲かった可能性もあったし、これからでも取り返せる可能性もあるということです。あくまで可能性ですよ。それが、投資信託なんです」

川野という男は、さっぱりとした男だった。そして、つけこむ隙が見当たらないと思ったのか、「よし、わかった。佐々木さん、あんたがそういうことをうちのおふくろに先に言っておいてくれればよかったってことだな」と言って、帰ってくれた。

地上げ屋との接触

実は、川野という男が銀行に現れたのは、これきりではなかった。

次に彼が僕の前に現れた時は、「不動産ディベロッパー」の名刺を差し出した。いわゆる「地上げ屋」である。

「加藤さん、いい物件があるんだけど、融資してくれないか」などと言ってきた。僕は本気で何度も相談に乗った。相手が相手だけに、誠実であることがつけこまれない秘訣だ。彼は「今、金を貸してくれたら、一週間後にまとめて返す」とも言った。

バブルの時代、土地や株の価格は、まるでジェットコースターのように乱高下したから、うまく売り抜ければ莫大な儲けを手にすることができた。だが、銀行がそう簡単に融資するわけにもいかない。稟議書を書き、審査を通さなければいけない。川野は「そこを何とか」と頼み込みに来るのだ。

栗山支店長や武田副支店長は、そんな僕に「反社会的勢力とのつきあいは止めろ」と何度も言ったが、「何を以って、反社会的勢力だと決めつけるのか」と質問しても、答えが曖昧だったので、それからというもの、僕は川野を取り巻くさまざまな怪しげな男たちと積極的につきあった。

虎穴に入らずんば虎子を得ずだ。ハイリターンを期待するなら、ハイリスクも覚悟しなければならない。一般的に言えばグレーゾーンに属する彼らも、不動産ディベロッパーを名乗っている以上、銀行にとっては顧客のひとりにはちがいないからだ。

ただし、支店長や副支店長の言うように、ひとつ間違えたら、塀の中という可能性も僕にはあった。また、銀行だけではなく、個人的にもそういう一見怪しげな輩とのつきあいには危険が伴った。殺される可能性だってなきにしもあらずだからである。

実際、「加藤さん、俺、この地上げに失敗したら、簀巻《すま》きにされて海に沈められるよ」と川野は言ったが、「しかたねえやな。そん時は簀巻きにされろ」と言って笑い合ったこともあった。

僕は、度胸だけは誰にも負けなかった。学生時代に鍛えた剣道は、実は、銀行に入ってからも、道場に通って続けていた。昇段試験も順調で、その頃は五段になっていた。だから、たとえ殴られそうになっても、棒切れ一本あれば、そこらのチンピラには負ける気がしなかった。

もちろん、川野の信用照会もした。信用照会というのは、銀行に住宅ローンなどで金を借りに来た顧客が、サラ金などで借りていないかどうか調べることだ。いわゆるブラックリストに載っている客は、信用照会すればすぐにわかる。

だが、川野の名前は出てこなかった。また、川野の知人たちも大丈夫だった。だから、僕は彼らを信用して堂々とつきあった。相手もそれがわかるらしい。銀行員の僕を決して脅そうとはしなかった。むしろ、僕に対して、「俺たちと付き合って、大丈夫か」と気を使ってくれたほどだ。

結局、最終的に融資こそできなかったが、どうしたら一緒になって事業を拡大できるか、その資金繰りのプランまで構想を練ってあげた。

こう書くと、反社会的勢力と癒着し、便宜を図ったように思われるが、僕は彼らとは一緒に絶対に飲まなかったし、贈答品も何度も送り返した。あくまでもM銀行千葉支店の一行員として、顧客の相談に真剣に乗っただけのことだった。そのおかげで、彼らの情報を通して、県や市の開発計画の具体的な中身を誰よりも先に知ることができたほどであった。

蛇の道は蛇である。

千葉市のここ数年先の開発計画の新情報を伝えた時、栗山支店長は手放しで喜び、早速、支店としてのゼネコンへの融資計画を先回りして練った。これが後の栗山支店長の渋谷支店長栄転につながったのだから、喜ぶわけである。

しかし、それにしても、銀行は汚いところだ。反社会的勢力には融資しないと言っておきながら、いわゆるサラ金には多額の融資をするだけでなく、ノンバンクを子会社化しているところもある。世間体が悪いところは、そうした子会社にやらせ、結局は自分の儲けにしている。

僕は、川野とつきあうことによって、反社会的勢力よりも、銀行をはじめとした一流と言われる企業のほうが、はるかにあくどいことを知った。

たとえば、川野がやっている「地上げ屋」の資金は、大手ゼネコンから流れていたし、そのゼネコンに積極的に融資していたのが、M銀行だった。川野らが住民を脅して立ち退きさせ、そこにビルやマンションを建てるのがゼネコンだ。その資金は、銀行が融資する。つまり、銀行も、地上げの片棒を担いでいることは間違いがなかった。そう言えば、川野はあの頃、僕にこう言っていたことが忘れられない。

「加藤さん、世の中、おかしいよな。ゼネコンって言ったって、その昔は○○組じゃないですか。銀行だって、最初は金貸しでしょ。不動産屋だって、貸した金が払えねえヤツから担保の土地ごとむしりとったヤツらの成れの果てでしょう。政治家だって、やくざの親分みたいなもんだ。みんな、元は反社会的勢力じゃないですか。今になって、なに、きれいごと、言ってるんですかねえ。俺が言うのもおかしいけどさ、俺たちを使って儲けている堅気のほうがよっぽど悪いぜ」

今もそれは変わらないように思う。川野はその後、どうしただろうか。

「加藤さん、あんたには世話になった。おかげで兄貴たちに顔が立った。銀行の人がきちんと相談に乗ってくれたんだもんなあ。何かあったら、言ってくれ。俺できることは、人殺しでも何でもするからよ」と言った声が今でも耳に残っている。

ちなみに、佐々木は、この「事件」が解決して間もなく、九州の支店に飛ばされた。

クレームが来たら、担当者はすぐに異動させる——。

それが銀行の昔からの掟だからである。

「社長、腹割って話そうよ」

僕は、川野を通じて、融資のおもしろさを味わった。

特に、僕が融資に力を入れたのは、顧客の新規開拓が目的であった。言い換えれば、それまで銀行が金を貸さない業界に、「おもしろい話なら、いくらでも金を貸すから、僕のところに持ってきなさい」ということだ。いや、待っていては遅い。僕は自分で金を借りてくれる相手を探しに行った。

普通の銀行員なら、そんな危険なことはしない。前にも書いたように、「銀行は雨の日に傘を貸さない」のだから。

いくらバブルの時代であっても、銀行が金を貸さない相手は、いくらでもあった。特に、IT産業をはじめとした新規産業には用心深かった。しかし、「水清ければ魚棲まず」である。危ないところだからこそ、新しい融資先があるのだ。

今やカラオケの大メーカーになった会社だって、突っ込んでいったのは僕が最初だった。まだ、カラオケがこれほど流行発展する以前である。僕は、知人のルートを通して、自ら、その会社の社長に談判した。

「お金を借りてもらえませんか」

驚いたのは、その社長だ。喉から手が出るほど必要だった資金を、自分で頼まなくても銀行のほうが「融資させて欲しい」と言うのだから。千葉支店とは言えども、M銀行と言えば、一流メガバンクである。そこが取引銀行になってくれれば世間的な信用も生まれる。それはもう、一も二もなく、僕の話を聞いてくれた。

僕が面会に行くと、社長は喜び、得意になって、今後の開発計画と資金回収の見通しを話しはじめた。どうすればカラオケボックスを全国展開できるか、音楽著作権協会とはどういう話になっているか、そして、新しいカラオケ機器の開発について……。

僕は最初、黙って聞いていた。だが、社長が咳き込んだのをきっかけに、こう切り出した。

「社長、お互い、腹割って話しませんか」

「え？」

「今、社長が話したことって、どうせ、ウソなんでしょ。本当のところ、どうなんですか。僕はね、社長がこれからおやりになる新しい事業に力を貸したいと思ってるんですよ。だから、お互い、腹割って、正直に言いたいことを言いませんか」

社長は、目を丸くしたまま、しばらく僕を見つめていた。

運転資金に困っている中小企業の社長が、融資をしてくれるという銀行員の前で本当のことを言うわけがない。第一、最初からウソだとわかっている話をじっくり聞いてあげているほど、僕は馬鹿ではないし、暇もなかった。

「腹割って？」

「ええ、お互い、隠しっこなし。正直に話すのは、苦手ですか」

その日は、そう言っただけで別れた。

そして、数日後、社長からの連絡で、僕は再びそのカラオケ会社に行った。そして、ちっぽけな応接室に連日通い、社長と経理部長を相手に、一週間かかって、きちんとした試算表、業績見通し表を作成した。

社長が最初僕に語ったほどではなかったが、着実にやれば、この事業には将来性があった。

さらに、ここに一週間通ってみてわかったことだが、僕は、この会社にとても好感を抱いた。

少人数だが、従業員がきちんとしているからだ。

当たり前のことのようだが、満足に挨拶もできない従業員がたくさんいる会社は、業績もよくない。受付の応対、廊下ですれちがう社員の態度、さらにはお茶の出し方、事務所から聞こえてくる電話の受け答え……。このカラオケ会社は、当時、資本だけ見れば、小さな三流会社でありながら、社員教育は一流だった。

「加藤さん、よろしくお願いします」

一週間後、社長と経理部長に丁重に送られた僕は、この会社のここ数年間の財務関連の帳簿や決算の写しなどの資料を銀行に持ち帰り、至急、稟議書を作成し、副支店長、融資課長に見せた。

当然、彼らは融資に反対だった。

「加藤君、いい気になるんじゃないよ。なんだよ、この会社。カラオケなんか作って儲かるわけがないじゃないか。調子に乗るな。なんでもうまくいくとはかぎらないからな。だいたいこの会社、まだ上場していないじゃないか」

武田副支店長は、僕が千葉市の開発計画案を持ち込み、手柄を独り占めしたことを根に持って、以後、僕の提案には猛然と反対した。僕は、平然と言い返した。

「副支店長、この会社が上場していないからこそ、うちで融資して、いずれ一部上場できるようにしてやろうとしてるんじゃないですか」

「君の業務見通しは甘いよ。僕は、融資に反対だね」

「どこが甘いんですか？　具体的に指摘してくださいよ。試算表のどこの部分がどの程度甘いんですか。どうぞ、指摘してください。僕が納得したら諦めますから」

もちろん、武田の反対の理由は決まっていた。融資先が倒産したら困るから、という単純なことだけであった。馬鹿か。晴れの日に傘を貸してどうする。将来有望な会社に融資して、自分たちの新規の取引先に加えるのが銀行の役割じゃないか。

結局、栗山支店長の判断を仰ぐことになり、融資が決まった。武田副支店長はただ、憮然としていた。

そして、その後、この会社はカラオケの爆発的な人気に支えられ、今やこの業界ではその名前を言えば知らない者がいないような有名企業になっている。もちろん、今でも、会長となった当時の社長とも親しく付き合っている。社長は、僕と会うたびに、「加藤さん、ほんと、あの時、腹割って話せてよかったよ」と言っている。銀行マン冥利に尽きるというものだ。

それからしばらくして、今度は、房総半島のつぶれかかったホテルの再建にも加わった。その時もまた、僕の第一声は「社長、腹割って、話そうよ」だった。社長は、本当のことを打ち明け、うちの融資を受けた結果、ここも、その後の営業努力が実り、見事に復活した。

また、ある造船会社の社長と女性の経理係と会った時も、そうだった。

どうやら、このふたりはデキているらしいと見破った僕は、社長にいつもの「社長、腹割って話しましょうよ」と持ちかけ、見事にふたりの粉飾決算を見破った。

その女の手口はすごかった。うちのM銀行ほか数多くの銀行から借りているのだが、それぞれの銀行ごとに借入残高表をつくり、合計金額を少なく見せる帳簿を何十年にもわたってつくり続け、その場その場をしのいでいたのだった。

それでも、僕はその会社の社長の相談に乗った。

もちろん、すべての企業に融資できるものではない。だが、できるものであれば、なんとしても融資をしてあげるのが銀行の仕事ではないかと思うからである。そのためには、ウソがあってはいけない。粉飾決算など、とんでもない。腹割って話すということは、お互い、隠し事なしという意味だ。

実際、金融庁は「中小企業に金を貸すように」との通達を銀行に出した。

だが、むやみに中小企業に貸して、回収できなかったら怒るのも金融庁だ。だから、金融庁の役人の本音と建前を知っている銀行は、取りっぱぐれのない大手企業の子会社の中小企業に金を貸し、それで「お上の言う通り、一生懸命、中小企業に融資していますよ」とお茶を濁しているのが現実である。

金融庁は、その後、アメリカから導入した「金融検査マニュアル」を銀行側に押しつけた。金融庁は、「この検査マニュアルに則って、中小企業に貸しなさい」と言うのだが、これが実にひどかった。これで、ますます銀行は、資金に困っている中小企業に対して、融資できなくなった。このマニュアルの導入によって、どれだけの中小企業が潰れたか、金融庁は把握しているのだろうか。

それで、本当にいいのか。

僕だって、できない融資はしない。だが、基本的にはどうしたら融資が可能か。もちろん、資金だけではない。その経営戦略から、社長の考えまでしっかりと把握したうえで、金を借りてもらう僕のやり方は、今でも間違っていないと思っている。

支店長になれる人　次長で終わる人

やがて、千葉市開発計画に対する功績で、千葉支店の栗山支店長がM銀行では超A級支店の東京・渋谷の支店長になった。ここの支店長の次は、役員待遇が待っていた。その意味で、渋谷支店長は栄光のゴール一つ前の輝かしい役職だった。

まさに、栄転である。だが、武田副支店長は、そのままだった。多くのベテラン女子行員たちが予想したように、入れ替えに、田代と言う東大出のバリバリの若手支店長が愛知の豊橋支店から、この千葉支店にやってきた。この新しい支店長は、僕より、わずか二年先輩であり、武田副支店長より四年も後輩であった。武田は、この段階で、四歳下の後輩の下で働くことになったのである。

それにしても、支店長の人事というものは、いったいどうなっているのだろうか。

銀行員にとって、まず誰もが目標にするのは、支店長の座である。銀行に入行したその日から、全員が支店長を目指して頑張るのだ。もちろん、同期の最後尾からスタートしたこんな僕でも、恥ずかしいのとおこがましいので、これまで口には出さなかったが、いつか支店長になる日を夢見て戦って来た。

だが、支店長にはいったいどうしたらなれるのか、支店長になれる人となれない人は、どこがちがうのか――。

最初のうちは、まったくわからなかった。毎日のノルマに追われて、それどころではないからである。それが、十年も経ってくると、何となくわかってきた。

そして、ここまでの体験でわかったことは、支店長になるには、何より強いリーダーシップが重要だった。

どんなに仕事ができても、部下に慕われない課長や次長は、最終的には支店長にはなれない。

やはり、部下から信頼され、彼らに「この人のようになりたい」、「この人についていこう」と思わせる人材だけが、必然的に支店長になっていった。もちろん、それには、本店人事部による能力考課と営業評価によるところが大である。

本店人事部は、全国の支店長ひとりひとりの性格から業績に至るまで、きちんとチェックし、支店長に昇格させる。

そして、いったん支店長になればなったで、同格の支店同士の戦いに勝ち続けなければ大きな支店の支店長にはなれない。その意味では、千葉支店の前の栗山さんも次の田代さんも、それぞれの支店長レベルの戦いに勝ちぬいてきたことがよくわかった。

では、当時、千葉支店の栗山さんの下にいた武田副支店長は、なぜ支店長に昇格しなかったのだろうか。

彼は、次長になってからかなり長い。ベテランの女子行員に聞いたところによれば、武田副支店長は、次長になってからこの千葉支店が三つ目の支店で、ここでようやく副支店長に昇格したそうだ。

それにしても、なぜ、武田さんは支店長になれないのか。きっと、例の反社会的勢力との問題に代表されるように、彼のすぐに困難から逃げようとする態度がリーダーとしての資質に欠けていると本店人事部に評価されているのだろう。それでも、課長、次長までは順調に出世してきているのだから、仕事はできるということだ。

一般的に言えば、次長というのは小さな支店の支店長と同じ格である。だから、一回、どこかの次長をやって、支店長に昇格するケースもある。しかし、なかには、この武田さんのように、次長になって二店目、三店目なのに、まだ支店長になれない人が出る。

どうやら、武田さんのような三つの支店を渡り歩いても支店長になれなかった人は、これから先に、支店長になる目はまったくないらしい。

わかりやすく言えば、どこの支店に転勤しようとも、次長か副支店長のままであった。つまり、たとえ、副支店長まで行っても、支店長になれない人がたくさんいるということだ。そして、ある日、突然、「ご苦労さん」と肩たたきにあい、子会社か関連会社に飛ばされて終わりである。それがまだ四十代だというのだから、たまらない。

では同期に入行したヤツのなかで、どのくらいの割合で支店長になれるのだろうか。

一般的に言えば、百人の新人がある銀行に入行したとして、そのうち課長になれるヤツは五十人。この段階で半分が脱落するのだから、課長になることが、まず、銀行員の出世レースの第一関門であった。

さらにその五十人のなかから次長に昇進するのが三十人、その三十人が争って、たとえ、どんな小さな支店であろうとも、ともあれ支店長までたどりつくのが十二〜十五人といったところだと言われている。

そして、同じ支店長でも、たった一店だけの支店長で終わる人もいれば、数店の支店長を歴任し、めでたく役員になるヤツもいる。役員になるのは、まず、百人のうちの一人いるかいないかである。したがって、同じように試験を受けて入行したにもかかわらず、課長にもなれなかった人、課長、次長どまりの人が行内にはたくさんいるというわけである。

そして、そういう人たちは、四十歳を目処に、後から来る後輩たちに追い越されたり、邪魔者扱いにされ、子会社や関連会社、取引会社へ出向させられたりするのだ。

この頃、僕にとって何より嬉しかったのは、この時点で僕の目に、先頭を走っている同期の馬の一団が見えたことである。最後尾からスタートした駄馬が、次々と立ちはだかる障害をクリアして走っているうちに、いつの間にか、先頭集団がしっかりと見えてきただけでなく、あと何十人抜けば、自分がトップに立てるということまで、この目でしっかりと確認できたのだった。

(よーし、ここでしっかり足場を固めて、次の異動でどこかの支店長になれば、先頭集団に入れるぞ！)

僕の心に、これまでにない熱い闘志が湧き上がってきたことをよく覚えている。

第四章

なぜ支店長は飛ばされたのか

「中野支店支店長を命ず」

千葉支店の次長を二年間、無事に勤め上げたあと、本店に戻り、営業部の次長をまた二年やり終えると、僕はついに待望の支店長になった。

やはり、本店の国際部で「ディーリング」で画期的な活躍をしたことと、そのあと次長で行った大規模支店の千葉支店で、反社会的勢力との交渉と都市開発計画情報入手の成果が本店人事部に認められたのだろう。

結局、僕は次長を千葉支店と本店で務めたあと、待望の支店長に昇格したことになる。僕の出身大学からみれば、まさに、異例の抜擢だった。実際、僕以前も僕以後も、僕の出た大学出身者で、Ｍ銀行で支店長になった男は誰もいなかった。まさに、サラブレッドの走るべき競馬場で、駄馬が一頭、必死になって疾走していたのである。

命じられたのは、東京・中央線沿線の小さな中野支店だった。中野駅にほど近いビルの一階と二階に支店はあった。

前任の高木という支店長は、現場からの叩き上げで、銀行恒例の「ご苦労さん人事」によって、長年頑張ったご褒美として銀行員生活最後の二年間、この支店の支店長を務め、四十八歳で子会社に出向したという。

こういう沿線の住宅地の顧客を対象とした小型支店の支店長には二通りあって、ひとつは前任者のような「最後の支店長」、つまり、この一行だけで終わる支店長と、僕のような「最初の支店長」である。

だから、「初めての支店長」の場合、どんなエリートでも、まず、最初にこうした駅前型や郊外型の小さな支店の支店長を体験して、それから大型支店の支店長を二、三店舗勤め上げ、本店に戻り、やがて役員というコースをたどる。

つまり、エリート行員の場合、この小さな支店で「支店長とは何か」を肩慣らし程度に学び、次の異動先の大きな支店で、その腕を振るうというわけだ。中野支店のような駅前支店は、いわば、エリートたちの踏み台でもあったのである。

ところが、ここに大きな落とし穴が待ち受けていることを、多くのエリートたちは知らない。落とし穴とは何か。

それは、こうしたC級支店は、集金業務、すなわち資金吸収を主にしているということである。資金吸収、つまり、各家庭や店舗からひたすら定期預金を集めること、それが本店から命じられた大事な使命だということである。ということは、僕が新人時代、上野支店や松戸支店で体験した顧客からの資金集めを、エリートたちも支店長として、全行員の先頭に立ってやらなければならない。

第一勧銀時代の小椋佳さんが、浜松支店長になった時に、団地で歌を歌ってみせたり、中小企業の社歌を作詞作曲したりしたのも、すべて顧客からの集金が目的だったのである。だが、小椋さんは別にして、普通のエリートはこれができない。

なぜなら、東大、京大出身のエリート行員たちは、入行してすぐに海外留学をしたヤツもいたし、本店勤務や主要大規模支店の融資を担当したりしていた。だから、一軒一軒回る、いわゆる頭を下げて回る預金集めという業務をまったくやったことがないのだ。自分がやったことがないことを、部下に的確に指示できるわけがない。まして、先頭に立って集金活動などできっこない。

となれば、当然、支店の成績が上がらない。本店から叱責が飛ぶ。どんなにＭＢＡ資格を持ち、英語が堪能で、将来の役員候補の支店長であろうとも、一度はこうした小さな支店で資金吸収業務をやらなければならないのだから、大変だ。

それに比べて、この僕はどうだ。同じ駅前支店の支店長だ。だが、僕は海外留学も経験ないし、英語もしゃべれないが、新人時代にオンボロカーを運転して、工場を回ったり、田舎の畦道を走ったり、それこそ地べたを這いずるようにして集金してきたではないか。だから、同じ支店長でも資金吸収ならどんなエリートにも負けやしない。

（さあ、同期のエリート諸君、ここからが勝負だぞ！）

鮭が、昔、自分が生まれ育った川に戻ってきたような気分だった。

僕が四十五歳で中野支店長になった時、僕の百五十人の同期のうちですでに支店長になっていたヤツが十五人、僕と同時に支店長に昇格したのが十人だった。入行二十三年目のこの段階で同期百五十人のうち、僕はなんと百二十人以上を抜き去ったのだ。

ずっとトップ争いをしていた同期の先頭集団は、きっと僕の存在に気づき、一斉に声をあげたにちがいない。

「おい、俺たちの同期で加藤なんていたか？」

「なんだよ、すごい勢いで迫ってきたぜ」

そりゃあそうだろう。百五十頭目のどん尻に控えていた駄馬が鼻をふくらませ、嘶《いなな》きながら、猛然と自分たちを強襲してきたのだから。しかも、エリート支店長たちは、きっとこれまでやったことのない資金吸収業務でオロオロし、出世のスピードも第三コーナーを回ったあたりでグッと落ちるに決まっている。

（よし、人生の第三コーナーだ。大外から一気にまくってやろう！　行け、行け！）

僕は、中野支店長になったのを機に、自分に激しくムチをくれたのである。

支店長最初の仕事は、部下のヒアリング

「おはようございます」

僕が支店長として、M銀行中野支店に入ると、行員全員が起立して僕に挨拶をした。行員は当時、ジャスト、五十人いた。

「ああ、おはよう」

そして、僕は、二階の支店長室のドアを開け、カバンをデスクの上に置くと、生まれてはじめて支店長の黒いレザーの椅子にゆったりと腰を下ろした。気持ちいい！　ここに座れるのは、同期の一割未満だと思えば、その弾力がより心地よかった。子供のように、身体を左右に揺らせてみたりした。

すると、早速、ふたりの男が支店長室に入ってくると、デスクの前に立った。思ったより、爽やかな顔をしている。次長の中西と課長の熊谷だ。中西は四十歳そこそこ、熊谷は三十代後半だろう。若いだけあって、ファッション・センスはまあまあだ。ネクタイのセンスでかなりわかる。中西は早稲田の商学部、熊谷は慶応の経済だ。

「支店長、次長の中西です。こちらが課長の熊谷です。どうぞよろしくお願いします」

「おい、お手柔らかに頼むぜ」

僕は、いつものべらんめえ口調で言った。

「こちらこそ、お手柔らかに。支店長の武勇伝は、いろいろ耳にしていますから」

中西は調子がいい野郎だ。

だが、支店長にとって次長は決して敵に回してはならない職種である。油断がならない。なぜなら、表面上、うまくいっているように見えても、行内検査部がやってきた時に、支店長の悪口をあることないこと告げるのも、次長だからだ。

また、逆の意味で、支店長が困った時、一緒に苦しんで戦ってくれるのも次長だ。つまり、支店長がその持っている力を発揮し、さらに大きな支店の支店長になれるかどうかは、次長にかかっているといっていい。前の千葉支店の栗山支店長の例でもわかるように、自分で言うのもおかしいが、栗山支店長にとっては、僕は明らかに彼の出世のために働いた立派な次長であった。中西にも期待したい。

「そうだ、中西君と熊谷君、今晩でも明日の晩でもいいから、ちょっと時間を作ってくれないかな。忙しいのに悪いけどさ、いろいろ話を聞きたいし、まあ、固いことは抜きにして、まずは一杯やらないか」

「はい、わかりました。僕は今晩がいいですね、熊谷君は？」

「はい、次長、僕も大丈夫です」

「じゃあ、支店長、今晩ということで」

ふたりは明るく部屋を出て行った。もちろん、僕は別に彼らを接待するつもりはまったくなかった。僕にとって、支店長になって最初の仕事が、部下のヒアリングだったからである。

その晩、支店の取引先でもある中野のかつての花街の割烹に出かけ、先代からうちの支店を使ってくれているというご主人に新任の挨拶をしたあと、奥の小座敷で次長と課長から中野支店の状況を聞いた。

「いやあ、それがですねえ……」

僕のグラスにビールを注ぎながら、中西は顔を曇らせた。

それによれば、中央線沿線の荻窪、三鷹、吉祥寺、立川といった各支店に比べて、中野支店はかなり劣勢だという。前支店長の高木が、いわゆる朝令暮改で、命令がその場その場でコロコロ変わるので、行員たちがやる気を失ったのが原因だという。

「プロ野球だって、馬鹿な監督が来たら、選手はやる気を失うじゃないですか」

中西はそう言って、また僕のグラスにビールを注いだ。

M銀行には、半期ごとの決算が終わると、全国の支店の成績が発表されるシステムがあった。新規契約部門、融資部門、住宅ローン部門、投資信託部門、さらには総合部門など部門ごとに表彰される制度があり、優秀な支店には特別なボーナスが支給され、給料も上がる。つまり、何期も連続で表彰される支店に勤務していれば、同期でも年収で百万円近い差が出るのだ。三鷹は三年前に、立川は昨年、住宅ローン部門で表彰されている。

次長の中西にしても、課長の熊谷にしても、今勤務している中野支店が同格の支店と比較してかなり劣るということは、年収が低いだけでなく、それだけ自分たちの将来に影響する。本店人事部は、同格同士争わせて勝ち抜いた者だけを引き上げるのだから、彼らにとっては、荻窪や三鷹、吉祥寺、立川支店の次長や課長が当面のライバルなのである。

特に、中西にとってみれば、中野支店の次長のあとにもう少し大きな支店の次長にならなければ、彼は今後、支店長の目はないということである。このままでは、もう一回、小さなＣ級支店の次長をやって、ラインから降りることになる。いわば、彼らの将来が新しい支店長の僕の手腕にかかっているというわけだ。

ふたりは、それを僕にしきりに訴えた。僕にとっても、その話を聞いて、やりがいが生まれた。というのは、当時の荻窪支店長の福田は、同期の京大出で、ニューヨーク支店帰りだったし、同じく同期の吉祥寺支店長の広谷は東北大出で、本店の資金為替部、いわゆる「売った、買った」あがりだったからである。入行した時から本店勤務で、出世確実な彼らにとってもまた、僕と同じ「最初の支店長」だったからである。

そんなヤツに、僕が負けるわけがない。相手にとって不足なしだ。

「まかせておけ。新監督で俺が来たからには、同じ沿線の荻窪や三鷹、吉祥寺、立川に負けるわけにはいかないぜ。よし、課長、明日からひとりずつ支店長室に来るようにしてくれないか。全員ひとりひとりと会って、俺が直接話を聞こう。みんなに『言いたいことがあったら、ウソ偽りなく吐き出してくれ』と伝えておいてくれよ」

「はい、わかりました。みんな、喜ぶと思います」

（自分の将来を俺に賭けている。こいつらとなら、うまくいくかもしれないな）

僕は、その晩、十分に英気を養った。

熊谷は早朝出勤して、行員たちに話したようだ。翌日から連日、支店長室に次々と行員たちが入ってきては、話を聞かせてくれた。僕は、ノートを用意し、本店人事部から送られてきている支店長用のマル秘の人物調査票と見比べながら、ひと言も聞き逃すことのないようにメモを取りながら、しっかりとヒアリングを続けた。

支店長の大事な仕事は、自分の部下全員のことを知っておくことである。能力や性格だけでなく、生い立ちから家庭環境、それぞれの夢から悩みまで、できるかぎりの情報を手に入れて、それをすべてプラスの方向に向かわせることだと思うからである。

これは、かなり効果があった。

ただ、女子行員から前支店長の高木に対しての「褒め言葉」が続発したのには、正直驚いた。

「前の支店長は、とてもやさしい方でした」

「高木支店長さんは高卒の支店長さんだったんですね。ですから、私たち女子行員の気持ちも分かってくださって、『○○ちゃん、大丈夫かぁ』なんて声をかけてくれて…」

前任者は、あろうことか、全女子行員に対して「○○ちゃん」という「ちゃん言葉」を使っていたという。

「○○ちゃん、大丈夫かぁ」？　最低だ。ふざけるな、馬鹿野郎だ。支店長が女子行員に異様にやさしく、男子行員に言うことが朝令暮改では、成績が上がるわけがない。

（前任者は、どうしようもねえ支店長だったんだなあ）

このままではまずい。まず、基本から叩き直さなければいけない、と僕は思った。そして、仕事の厳しさを伝えるために、まず、お局さまと呼ばれていたベテラン女子行員の八王子支店への異動を発表した。彼女は、高校を卒業して中野支店に入行してから、一度も異動していない。しかも四十歳近くになって、独身である。

僕は、自分が新入行員だったことを思い出し、ベテラン女子行員の持つ「支店長をも飛ばしかねない」恐ろしいほどの陰の力を知っていたから、申し訳ないとは思ったが、ヒアリングの結果、彼女を飛ばしたのである。

ヒアリングでは、彼女はしたたかだったが、別の女子行員から彼女が自らを「陰の支店長」と自称しているということを聞いたので、即座に異動を決断した。八王子と言えば山梨県の県境である。今、自宅からだとすれば、通いきれないかもしれない。

（俺をなめんなよ！）

それが僕の支店長としての最初の決意の表れだった。これが効いた。全行員に人事異動の翌日から緊張感が走ったのは言うまでもなかった。これまで、どの支店長もお局さまを奉《たてまつ》っていたのに、僕が切ったからである。

そしてベテラン女子行員が泣き泣き、八王子支店に去った後、僕は全員を集めてこう言ったのだ。

「みんな、最初から人事異動があって驚いただろうが、俺は、いい加減な評価が嫌いなんだ。君たちのこれまでの調査票を見たら、前支店長もその前の支店長も、みんな能力考課も業績評価もＣをつけている。つまり、可もなく不可もなくってヤツだ。だけど、俺は断っておくけど、Ｃはつけねえよ。ＡかＢか、ＤかＥかだ。いいヤツ、頑張っているヤツはＡかＢ、ダメなヤツは女子行員でもＤかＥだからな。ＤかＥはボーナスが減るぜ。どうするんだ。その代わり、頑張れば給料もボーナスも上がるぜ」

続けて、こんなことも言った。

「君たちも知っているだろうけど、M銀行には表彰制度があって、表彰されれば特別ボーナスが支給される。給料だって上がる。いいか、今日から、みんなで力を合わせて、この中野支店、毎年毎年、本店から表彰されてみないか。給料を自分の手で上げようじゃないかよ。臨時ボーナス、ガンガンもらおうじゃないの。俺も、先頭に立って集金するから、ついて来いや！」

あっと言う間に優良支店

中野支店の支店長になって、全員の「ヒアリング」を終えた僕が次にやったのが、残業なし作戦だった。今、「残業なし」が経済界で問題になっているが、十数年前に僕は実行した。これは、銀行業界では、確実に効果が上がる。

銀行というところは、実に、残業が多いところである。外回りの行員たちも、昼間、どこかで時間をつぶしているくせに、五時十五分頃に戻ってきて、それから残務整理だとか言いながら、ダラダラ仕事をしている。いや、仕事をしている「ふり」をしているのだ。それも、上司がそんな調子だから、部下が帰ろうにも帰れない。これは、この支店にかぎらず、銀行業界の実に悪しき習慣であった。

僕は、それが前から気になっていたので、支店長になったのを機に、誰もが残業しないようにしようと思ったのだ。

銀行は午後三時になると、シャッターを下ろす。それからが大変だということをご存知の人も多いだろうが、「残業なし」ということは、まず、この三時からの、いわゆる現金の「締め上げ」での計算ミスを徹底的になくすことを意味していたし、無事、一日の作業が終わったら、営業の人間たちも五時に帰ることを僕は推進した。

そのためには、僕が先頭になって帰った。そして、中西次長や熊谷課長にも、できるだけ早く席を立つようにさせた。上が帰れば、下が帰りやすいからである。

さらに、次長や課長に約束した通り、僕はみんなの先頭に立って資金吸収業務をすべく、作戦を練った。調べてみたら、前任の支店長も、その前の支店長も中野支店ということにこだわって、地元の商店街や住宅地の顧客の集金に力を入れていたことが、過去の記録でわかった。

これでは、進歩がない。中野は古くからある町だ。区内には企業が少なく、小さな一戸建ての住宅が密集している。再開発がはじまったが、お寺が多く、まだ古い町並が残っている。そんな地元に力を注ぐのは結構だが、新規の顧客を獲得するには、この地にとどまっていてはならなかった。

僕は新規口座を増やすために、資金吸収業務の範囲を新宿、大久保から高円寺、阿佐ヶ谷まで広げた。高円寺、阿佐ヶ谷などは荻窪支店のシマだが、そんなことは言っていられない。上野支店にいた時に、つくばまで営業範囲を広げた僕のことだ。中央線沿線なら簡単なことだった。自分の銀行の顧客を奪い合うのなら気が引けるが、中央線沿線の他の銀行のお客さんに新規の契約をお願いするのだから文句はないだろう。

僕は、営業部の全部員を集め、沿線の地図を広げた。

「よし、中西君を中心に、みんなは新宿から阿佐ヶ谷までの中央線沿線を片っ端から営業してくれ。俺は、荻窪、西荻窪から吉祥寺、三鷹まで攻めてみるから」

僕がそう言うと、営業課の全行員が驚いた。

「え、三鷹まで支店長が営業するんですか？」

「当たり前じゃないか。じゃあ、中野に住んでいる人の通帳は、全部、中野支店か？　新宿支店の人もいるだろうし、落合支店だっているかもしれないだろう。どこまでがうちの営業区域だって決まっていないのと同じで、三鷹だって、立川だって、顧客がいれば取ってくるのが営業だろう」

そう宣言した僕は、折原という一番若い行員をお供に、毎日、朝早くから自ら新規顧客の開拓に飛び出していった。久しぶりの集金活動は、実に楽しかった。まして、荻窪の支店長はニューヨーク帰りの同期のサラブレッドだし、吉祥寺の支店長も本店の「売った、買った」ばかりやってきたエリートだ。

（彼らの城下で、一泡も二泡もふかしてやるぜ！）

だから、営業が楽しかった。ただ、支店長だけに会議や仕事があって、毎日出かけられないのが残念だった。ふと、上野支店や松戸支店で、上司に「え、お前、今日、成果ゼロかよ」などと言われたことや先輩に「なんだ、五百万ぽっちか」と馬鹿にされた二十数年前のあの頃を再び思い出しながら、僕は集金を愉しんだ。

もちろん、飛び込み営業もした。

驚いたのは、商店の親父さんや団地の奥さんたちだった。僕が名刺を出すと、「えー、わざわざ中野の支店長さんがここまで見えたの？」と感激しきりだった。

「いくらでも結構ですので、口座を開設していただけたらありがたいんですが…」

「わかったわ。来月、主人のボーナスが入ったら、いったん出して、そちらの口座をつくって定期預金にします」

「ありがとうございます」

何はともあれ、新規の口座が増えなければ、表彰どころではない。ひと月に百口の新規口座を目標に、僕は支店長の名刺を配り続けた。折原も負けずに頑張った。明治の経済出身で三年目だという。M銀行で出世するのはこれから大変だろうが、性格がよさそうだから、上司にはかわいがられ、うまくいけば支店長だって夢じゃない。なにしろ、ノン・キャリアのいい手本が目の前にいるのだから。

中西次長や熊谷課長たちも実によく働いた。特に、熊谷は大学時代の友人の紹介で、新宿にできたＩＴ関連企業に入り込み、大量に新規口座を開設した。新宿に高層ビルが雨後の筍のようにできはじめたころである。なかには、会社ごとＭ銀行中野支店と取引をする企業もあった。

ある日、折原が支店長室に飛んできた。

「支店長、荻窪で一千万円の新規口座の契約、取ってきました。支店長のおかげです」

「荻窪か。そうか、でかしたぞ、折原。これで、一人前だ」

これは、嬉しかった。なぜ、僕は、一番若い行員を連れて営業に回ったのか。

それは、僕の尊敬する海軍総司令長官山本五十六の言葉を実践したかったからだ。山本五十六は、こう言っている。

「やってみせ、言ってきかせてさせてみて、褒めてやらねば人は動かじ」

そして、半年があっと言う間に過ぎた。

その決算が終わったある日、本店総務部から僕に電話があった。

「加藤君、やったな。君の支店が今期の新規口座契約の部で一位の表彰だ。役員が来週そちらにうかがうから、表彰式の予定を立てておいてくれ！」

「え、本当ですか。ありがとうございます！」

表彰式とは、本店から役員がわざわざやってきて、パーティを開き、支店の行員全員で祝うのだ。体育会系で言えば、祝勝会のようなものだ。

僕は、デスクの上の受話器を上げ、心を落ち着けながら、「ちょっと支店長室まで」と中西次長と熊谷課長を呼んだ。

二人は、訝しげな表情を浮かべながら、デスクの前にやってきた。僕が机に両肘をつけ、わざと頭を抱えていたからである。

「どうしました？　支店長」

二人が僕の顔をのぞきこもうとした瞬間、僕は顔を上げ、満面の笑顔でこう言った。

「おい、本店から電話があって、中野支店、今期、新規契約口座全国第一位の表彰だってさ。来週、役員が来て、パーティだ。社内報のトップに俺たちの記念写真が載るぜ！　それに、臨時ボーナスと昇給だ。やったーッ！」

「バンザーイ！　バンザーイ！」

「やったー、やったー」

もちろん、この日、シャッターが下り切った午後三時過ぎの館内に、突如、大歓声が沸き起こったのは言うまでもない。

M銀行中野支店は、あっという間に優良支店になったのであった。

一週間後、本店人事部からお祝いの使者がやってきた。誰あろう、あの一文字正之だった。不愉快だった。なぜなら、彼は、僕の部下に向かって、お祝いのパーティの前の挨拶で、こう言ったのである。

「皆さん、新規契約口座全国第一位をとったと喜んでいますけど、そんなつまらないことに夢中になってはいけませんよ。銀行というところは、なんでもいいから、お金を集めるというところじゃないんですよ」

行員たちは、唖然としていた。

「いいですか、ここの支店長さんは剣道部出身ですから、汗を流すこと、根性で頑張ることが美徳だと勘違いしていますけどね、銀行で大事なことは、量ではなく、質です。お客さんにとって預金とは何か、同じ百万円でも預金者にとって、その質がちがうでしょう。顧客にとって、余剰資金なのか、なけなしの金なのか、その質を大事にしてください。カール・マルクスはこう言ってます。『豊かな人間とは、自身が富であるような人間のことで、富を持つ人間ではない』と。わかるかな?」

そして、挙句の果てに、こうも付け加えた。

「加藤支店長、『量より質』って、英語でなんと言いますか? 国際部にいたからおわかりでしょう。え、わかりませんか。Quality before quantity ですよ」

（こいつ、いったい何をしにきたんだ！）と思ったが、すぐにわかった。一文字がやってきたのは、僕に対する単なる嫌がらせだったのである。

エリート支店長、痛恨のセクハラ

それからしばらくして、とんでもないニュースが飛び込んできた。

僕の同期で、当面のライバルであった同期の荻窪支店長の福田が、突然、懲戒免職になったというのである。

その連絡は、かつて福田と一緒に本店国際部にいて、十年ほど前、外資系の証券会社にヘッドハンティングされて転職した山中からの電話で判明した。こいつも福田と同じ京大出で、ニューヨーク支店、ロンドン支店を回って帰ってきた。僕が国際部でディーリングをやっていた時によく飲んだ仲間だった。同じ同期でも小林とはちがい、エリートのくせに気さくな、いいヤツだった。

山中から中野支店の支店長室に電話があったのは、午前八時少し前だった。

「え、なに、それ、本当かよ。だって、福田って、超エリートだったじゃないか。なんで、急に懲戒免職なんだ」

「ああ、本店でも事情を知らないヤツが驚いてはるよ。なんでもなあ、原因言うたらな、女らしいわ」

「女？」

そう言えば、僕がまだ若い頃、新宿のクラブのママからの電話で飛んだ支店長も、荻窪だったことを思い出した。

「加藤、まあ、そんな話を肴にな、今夜どうや？　詳しいことはその時にさ。俺がおごるよってに」

「ああ、ちょうどいいや。夕べ電話があって、ひとつ約束がナシになったから」

実は僕はその晩、高校時代の剣道部のヤツと飲む予定になっていたのだが、彼が急に仕事になったと昨夜電話が入ったので、僕は、指定された小ぢんまりしたロシア料理店で久しぶりに山中と会うことになった。僕がディーリングをやっていた時だから、十年ぶりの再会だ。山中は、今、外資系の証券会社の極東証券部で部長としてロシア株の売買をしているという。

店の前で待ち合わせ、レストランのドアを開けると、客がまったくいなかった。各テーブルにランプが灯っている穴倉のような暗いレストランだった。近寄ってきた背の高いブロンドの美女が山中を見て、にっこりと笑った。

「カーグ・ジュラー（元気？）」

「ハラショー（ありがとう）」

山中は彼女に会釈すると、僕に席に着くように勧めた。ロシア人らしいブロンドの店員は、僕にメニューを差し出し、「ビア？　ウオッカ？」と聞いた。

「どうだい、加藤、たまにはウオッカを飲んでみんか」

目の前にウオッカのリストが並べられた。僕には、まったくわからない。スミノフかウイルキンソンぐらいしか知っている銘柄はないが、もちろんそんなのは、このロシア料理店には置いてないらしい。スピリタス、シュタルカ、ポルモス・アブソルベントなどと書かれている。

「どうや、ポーランドのズブロッカでええか」

「ああ。ところで、福田がどうしたって？」

すぐに小さなグラスに注がれたズブロッカをおそるおそる、ちびりちびりとストレートで飲んでいる僕に、山中が話しはじめた。

「それがなあ、そんなアホなっていう感じや。あいつ、これから、どないするんやろうなあ……」

山中の話によれば、エリートコースをまっしぐらに走っていた福田が免職になったのは、支店長の実に情けないほどの初歩的なミスだった。経緯は、こうだ。

ある夜、荻窪支店で新入行員の歓迎会が近くのレストランであり、支店長の福田ももちろん参加した。そのなかに、三十代の美人の部下がいた。女優の吉永小百合に似ているという噂だと山中も目を輝かせて言うくらいだから、それはきれいな女子行員だろうと僕にも想像がついた。

彼女は、契約社員でM銀行の正式な行員ではない。第一、それに人妻だった。

もちろん、福田のことだ。女性問題には気をつけていたにちがいない。だが、酒が入ったせいか、帰りの方向が同じだという理由で彼女を送っていったのだそうだ。

その時、福田が彼女の身体を触ったという。それが判明したのは、彼女が家に戻って、夫に訴えたからである。悪いことに、夫はライバルのS銀行の銀行員だった。

翌朝、M銀行本店人事部の電話が激しく鳴った。彼女の夫からだった。

「お宅の銀行は、どんな能力考課をしているんですか？　なぜ、そんな男が支店長なんですか？　うちの頭取に話をして、大きな問題にさせてもらいますよ」

なんと卑劣な男だ。自分も銀行員なら、そんなことを人事部に言ったら、訴えられた当人はどうなるかくらいわかるだろう。しかも、触ったというのは事実なのか、どこをどう触ったのか、きちんと妻から聞いてから、電話すべきではなかったのか。

だが、僕から言わせれば、福田が悪い。帰るのが同じ方向だからといって、女性行員と一緒にタクシーに乗った段階で、もう「はめられた」のだ。「先に乗るよ」、「はい」と座席に着いた段階で、福田の人生は終わったのだ。そのぐらいのことは銀行員なら誰だってわかるはずだ。実際、その昔、同じ荻窪支店の支店長が新宿のクラブのママからの電話一本で、本店人事部に呼び出されたではないか。

銀行の支店長ひとり殺すのに、刃物はいらないのだ。女の噂、ひとつでいい。

案の定、すぐに本店人事部が動き出し、福田は本店に呼び出された。もちろん、「触っていない」と全面否定をしたが無意味である。銀行は、「疑わしきは、もちろん罰する」ところなのだから。しかも、訴えた相手が他行の銀行員では厳しく処分しなければならない。本店人事部は、すぐに福田を懲戒免職にする、その代わり他言無用という条件で、被害者の夫と話がついたという。

「このズブロッカ、うまいな」

僕がそう言うと、山中はこう付け加えた。

「そりゃあ、うまいやろ。先頭を走っていたライバルが勝手にコケたんやから。お前の前を走っとるんは、あと五、六頭や。お前がもし、この調子で役員になったら、大穴やな。万馬券どころやないで」

「ああ、そうだろうなあ。百五十番人気の馬のどんじり強襲だからな」

僕と山中は、もう一度カチンとグラスを合わせたのだった。

フルバンキングの支店長に栄転

東京・中野支店が新規契約口座の全国一位の表彰を二期連続して受けたあと、僕は本店人事部に呼び出され、新たな辞令を渡された。そこには、こう書かれていた。

「中野支店支店長　加藤直樹　札幌支店長を命ず」

さすがに僕の頬も紅潮した。中野支店が二期連続して表彰されたのだから、支店長だった僕が、次の異動で、少しは大きな支店の支店長になれるかなとは思っていたが、二つ目の支店長が、まさか、札幌支店長とは考えてもみなかったからである。

一文字が言った量より質ではなく、質より量が評価されたのである。

札幌支店は、M銀行の地方支店としてはかなりの大支店で、南から福岡、神戸、大阪、京都、仙台、そして、東京の新橋、渋谷と並ぶ、融資、投資信託、外国為替、年金業務などを取り扱ういわゆる「フルバンキング」と呼ばれているA級支店である。

その大支店の支店長に僕がなったということは、間違いなく、M銀行の本店人事部による「破格」の抜擢だというわけである。きっと、若い頃の僕を知っている人たちは、本店人事部が発令したこの人事にさぞ目を疑ったことだろう。まして、驚いたのは、僕の同期の連中である。

もちろん、百五十人のうち、今でもM銀行に残っているのは十数人で、まさかと思ったノンエリートの僕が同期のトップ集団と肩を並べたか、あるいは抜き去ろうとしていたのだから。

本店人事部と言えば、例の一文字正之がすでに役員待遇人事部長に昇進していた。このままで行けば、彼は一度も支店を勤務することなく、ずっと本店勤めで、あと一、二年で役員になるのは決定的だ。なにしろ、相変わらず彼は陰で労働組合を押さえているのだから、経営陣も彼に頭が上がらない。

彼は、僕が辞令を受け取るために、本店人事部のドアを開けた時から、ニヤニヤしていた。嫌なヤツだ。きっと僕に何か言うに決まっている。そう思いながら、辞令を受け取った。

「加藤君、おめでとう。まだ、時間あるでしょ。まだ、ほかの行員に辞令を渡すから、ちょっと会議室で待ってて」

案の定、一文字は、そう言って、辞令をもらったばかりの僕を女子行員に会議室まで案内させた。しばらくして、僕が座って待っていると、一文字が入って来るなり僕の前の椅子を引き、長い足を組みながらこう言った。

「福田君も馬鹿だねえ。女の罠にはまったんだよ。知ってた？」

「福田って、荻窪支店長の？」

「そうだよ、君と同期だろ？　これで、君のライバルがひとり落馬だな」

「何ですか、女の罠にはまったって。部下の女子行員のご主人からセクハラだって抗議が来たというのは聞きましたけど」

「知らないの？　あの女の亭主ね、僕の銀産労時代の仲間の弟でね。S銀行の本店人事部で組合専従だ。近いうちに、彼はすばる銀行の労働組合の中央委員長になるんじゃないのかな」

「え、そうなんですか？」

「そうよ。誰の指示だか知らないけど、福田のアホが支店長ヅラして、荻窪支店の組合員たちの日頃の活動にいちいち目を光らせているからさ、あの支店に美人の女房を派遣社員にして入れて、チャンスを狙ってたのさ。そうしたら、よせばいいのに、『仕事と組合とどっちが大事なんだ！』なんて、偉そうに荻窪支店の組合委員長を頭ごなしに怒鳴ったって聞いたからさ。つい懲らしめちゃった。そういうこと、絶対言っちゃいけないでしょ、うちの銀行では。加藤君、そう思わない？」

　そうか、あれも一文字の仕掛けた罠だったか。

「じゃあ、福田はあなたによって殺されたも同然じゃないですか」

「おいおい、人聞きの悪いことを言いなさんなよ。いいかい、この銀行で出世したかったらね、組合を利用することだよ。組合を利用すれば、確実に偉くなる。次期頭取候補の樋口さんだって、君も知っているように十年前の組合の委員長だろ。と、いうことは、僕の言う通りに動けば、出世するということだよ。ところが、あろうことか、福田はこの僕に逆らった、だから、ああなったということだけ。僕、今度の異動で、役員待遇だぜ。今日の君の札幌支店長の辞令だって、僕が口添えしたんだからね。忘れないでよ。いいかい、話はそれだけだ」

そう言うと立ち上がり、ドアをバタンと音を立てて、一文字は出て行った。正直言って、一文字に会ったことによって、この日、札幌支店長の辞令をもらった嬉しさの半分は消えた。

一眼二足三胆四力

僕は早速、雪の札幌に飛んだ。異動があったら、二、三日で行かなければならないのが銀行員だ。まして、支店長で異動となれば、辞令をもらったその日に行かなければならないくらいだ。

僕は、辞令をもらった翌日には、すでに札幌支店の支店長室にいて、前支店長との引継ぎを終えていた。もちろん、次長以下のヒアリングもすぐにはじめた。

だが、赴任してすぐにわかったことだが、これまで勤めてきたどの支店より札幌支店の仕事は厳しかった。規模が大きいとか行員の数が多いとか、業務が多岐にわたっているとか、そうした理由ではない。

平成九年の北海道拓殖銀行の倒産のあおりを受けて、季節だけでなく、完璧に冷え切った北海道経済が、まだ立ち直っていなかったからである。

それにしても、あの時、拓銀の三人の元頭取が警察に逮捕されたのには驚いた。そのうち、二人は収監され、約二年にわたって刑務所に入ったし、逮捕時八十四歳だった元頭取も高齢なのと病気で入院していたこともあって、収監執行停止になってほっとしたのも束の間、その四日後に死亡している。

銀行の頭取が逮捕されたり、約二年に亘って刑務所に収監されるという、そんなことが現実にあるということをこの拓銀破綻で、僕ははじめて知った。警察に逮捕され、裁判で判決を受け、刑務所に収監されるということは「犯罪」だということである。他の一般企業では、倒産しても逮捕はされない。銀行の頭取がいかに社会的な責任があるか、この僕も、拓銀の倒産によってはじめて知ることになった。

今、振り返ってみれば、北海道拓殖銀行が破綻したのは、バブルがはじけた平成九年十一月のことだ。そして、翌年十一月に北洋銀行および中央信託銀行（現・三井住友信託銀行）へ事業を譲渡し、平成十一年に法人解散をし、完全に消滅した。

その原因は、バブル期に拓銀行内に新設された「総合開発部」の乱脈融資だった。本店のある札幌と一方の拠点である東京支店が競って、バブルに踊った。洞爺湖の一大リゾート建設に約一千億円の事業費を融資したのをはじめ、融資を募る北海道の事業家に何百億から一千億という巨額の資金を惜しみなく融資をした結果、それがバブルの崩壊によって、すべて多額の不良債権となってしまったのである。融資して焦げ付いた金額は、数千億円と言われている。

言っておくが、地方を代表する銀行の倒産は、その地域の経済界にとって大打撃である。融資を受けていた企業はもちろんのこと、その資金で賄っていた金融機関、中小の信用組合や商工組合も拓銀のあおりを受けて連鎖倒産したから、北海道経済が上から下まで、まったく麻痺してしまったのである。

僕が札幌支店長を任命されたのは、そのバブル崩壊から十年ほど経過していた頃だった。それにしても、この経済界の冷え込みは異常だった。融資したくとも、正常な融資先は少なく、融資するにはかなりのリスクを伴う企業が多かった。しかし、融資をしなければ、銀行もまた業績が上がらない。

前札幌支店長は、「雨の日には傘を貸さない」式のノーリスク・ノーリターンをモットーにやっていたから、業績も上がらず左遷された。そこへ、僕である。

(そうか、僕に札幌支店長をやらせようとしたのも、一文字正之の罠だな)

僕は、咄嗟にそう思った。いつも逆らっているばかりの僕を「この冷え切った北海道経済のなかで業績を上げてみろ」と、札幌支店長に指名したにちがいなかった。

（そして、明らかに、僕がのたを打って、失敗するのを待っている）

一文字正之の憎らしげな顔が浮かんでは消えた。

挑戦は受けなければならない。

剣道には「一眼二足三胆四力」という言葉がある。

一眼とは、相手の思慮動作を見抜く眼力であり、言葉を換えて言えば、洞察力である。僕は、自分が札幌支店長になったことで、出世を目指す自分の前に、ついに一文字が立ちはだかったことを一眼で感じとった。

二足とは、剣道の技の基本は足であり、足の踏み方使い方で勝負が決まると言っていいだろう。三胆とは、胆力、つまり度胸である。四力は、剣さばきのことだ。

相手を観察し、今どんな気持ちで自分に立ち向かっているのかを察し、それに合わせて動きながら、隙を見て飛び込む度胸を持ち、巧みな剣さばきで一本を狙う。その剣道の極意を、銀行の仕事に生かし、一文字正之に見せつけてやろうと思った。

そして、実は、この「一眼二足三胆四力」が、底冷えの北海道経済のなかでM銀行札幌支店長になった僕に、大変に役に立った。

まず僕は、新任の挨拶を兼ねて、これまでの取引先を回った。もちろん、あちこちで前支店長への不満を耳にした。

「銀行の応援がなければ、北海道経済は立ち直れない」
どこの社長も口を揃えて、M銀行の力を貸してほしいと僕に訴えた。次に、僕は札幌支店の融資課長を徹底的に仲間に引き入れ、これまでのデータを全部取り出し、ふたりでそれぞれの取引先ごとに、今後の対策とそれに対する問題点、注意点を真剣に語り合った。一社ごとに一週間かけてやるのだから、大変だったが、四ヵ月後にはAからEまでの企業別のランク付けが完了した。

次は資金吸収業務である。目的はひとつ、新規契約だ。これは中野支店でやったように、全員営業部員としての認識を持たせた。もう一度、支店の行員全員に親戚、知人、友人らと新規契約を結ぶことからはじめた。M銀行と取引のない人たちを行員全員が自分のまわりだけでもリストアップし、営業させたのだ。そして、すぐに行動にうつさせた。ふだん行かない同窓会に飛び込んで、必死に頭を下げた部下もいた。

まさに、「一眼二足」である。あとは、度胸と技術だ。僕は、支店長らしく、北海道経済の状態をよく観察し、ランク付けした上位から、これぞと思われる中小企業には、度胸よく、思い切った融資を試みた。特にまったく不況だった観光業に僕は融資した。

北海道経済を救うのは、まず観光業の復活が必須だった。さすがに大規模なリゾート計画はなかったが、新しいホテル建設には、それこそ「腹を割って」力を貸した。ハイリターンを得るためには、ハイリスクを覚悟しなければならないからである。幸い、オーストラリア人をはじめとする外国人観光客が北海道に次々とやってきた。特に、スキーシーズンは多くの欧米からの観光客で賑わった。

融資だけではない。資金吸収業務も頑張った。もちろん、僕も自ら雪のなかを新規口座契約のために、新人の運転する車で走り回った。

「え、支店長さんが自ら？」と、ここでも驚く人が多かった。もちろん、僕のことだ。札幌市内では納得できない。札幌近郊の北広島、恵庭、千歳、江別、石狩の各市内はもちろん、赤井川村、喜茂別町、京極町、ニセコ町、また、苫小牧や岩内、さらには積丹半島まで、僕自身で出かけていったのである。

そして、札幌支店は、翌年の上半期の総合部門で全国支店の第一位に輝いたのである。皆が大喜びしたのはいうまでもなかった。

（ざまあみろ！）

僕の脳裏に、苦虫を噛む一文字正之の顔が浮かんだ。

そして、二回目の雪祭りがはじまろうとした朝、そんな僕に、再び辞令が出た。

「加藤直樹　本店総務部長兼秘書室長を命ず」

ついに、部長昇進である。

総務部長というのは、まさに役員の一歩手前であり、秘書室長は、役員の面倒をみることで、役員のお目どおりを許されるということであった。ここで、役員の多数にかわいがられれば、晴れて、役員待遇、そして取締役へと上がっていくのである。

どん尻で入行した僕が、ついに、天国の門の入口までたどりついたのであった。

だが、本店総務部および秘書室となれば、あの一文字とつねに一緒の空気を吸わなければならない。

「僕の言う通り動けば、出世するということだよ」

彼の声が聞こえてきたような気がした。

そして、いよいよ、一文字正之との最終決戦が近づいたことをひしひしと感じた。

美貌の女

本店総務部は、二十四階建てのビルの二十二階にあった。

窓から都心が見渡せた。僕がはじめて総務部長として席に着いた時、前々日、東京にも雪が降ったせいか、雪景色が朝日に輝いて、美しかった。札幌で毎日、雪景色を見ていたのに、東京のほうが綺麗に見えるのも、本店に戻ってこられたからだろうか。

「加藤部長、おはようございます。秘書課長の村上です」

「ああ、おはよう」

「はい、皆さん、新任の加藤部長です。秘書室長兼任です」

村上がそう言うと、総務部員、秘書課の全員が立ち上がり、「よろしくお願いします」と僕に、挨拶を交わした。本店総務部――なんと華やかな職場なのだ。

特に、役員の面倒をみる女性秘書たちの美貌とスタイルのよさには、驚いた。こんな下世話な感想を述べてはいけないが、まるでミス・コンの控室にいるようだった。しかも、ただの美人ではない。一流大学卒で、外国語も堪能である。

彼女たちは、ひとりで二人の役員を担当し、そのスケジュール管理が主な仕事であった。これだけの才色兼備の女性たちを相手に、きっと、鼻の下をだらしなく伸ばしている役員も多かっただろうと推察される。若い頃から行内の女性たちにはまったく近づかず、また、どんなに迫ってきても相手にしなかったこの僕でも、さすがに彼女たちが気になるほどであった。

「部長、お時間があれば、役員室をまわってご挨拶を済ませませんか。今日は、会議がありませんので、今なら皆さん、それぞれの部屋にいらっしゃるでしょうから」

村上はそう言った。もちろん、僕に依存はない。

「うん、そうしよう。頼むよ」

まず、最初に樋口頭取の部屋を訪ねた。

トントン。村上はドアをノックし、「秘書課長の村上です。新任の加藤部長とご挨拶にまいりました」と言うと、「はい」という返事を待って、静かに頭取室のドアを開けた。広い。そして何より明るい。大きな一枚ガラスの窓を通して、雪晴れの朝の日差しが頭取室一面を照らしていた。

「おお、加藤君か。まあ、そこに座って」

「加藤です。よろしくお願いします」

僕は、この時、人生ではじめてM銀行のトップと顔を合わせた。組合の委員長上がりと聞いていたから、さぞ、青白い男かと思ったが、非常に温厚そうな人だった。

「じゃあ、私はこれで。部長、部屋に戻っていますから」

そう言って、村上は総務部に帰っていった。頭取は、大きなデスクの前のソファに腰かけ、僕にも座るように手で合図をした。

「君の噂は、一文字君から聞いてるよ。お手柔らかに頼むよ。まあ、ここまで出世してきたんだ。君もあと少しで役員だからね」

一文字正之は、いったい頭取に何を言ったのだろう。頭取は僕に明らかに牽制球を投げている。

「はい、ありがとうございます。どうぞ、よろしくお願いします」

僕は、頭取にそれ以上のことを言わせないように、さりげなく世間話をしてから席を立った。

「では、これで」

僕はソファから立ち上がり、丁重に挨拶をすると、頭取室を出て、総務部に戻った。

「部長、一文字役員がお呼びです。『今、頭取室にご挨拶に』と申し上げたら、『戻られたら、すぐに来て欲しい』とおっしゃっていらっしゃいました」

村上は、僕にそう言うと、鳴り始めた自分のデスクの上の受話器を取った。

「一文字役員の部屋はどこ？」

「はい、私がご案内します」

美人揃いの秘書部員のなかでも、ひときわ美貌の女子行員が「どうぞ」とドアを開け、僕を廊下に出させると、すぐに早足で僕の前に立ち、歩き始めた。歩き方もまるでファッションショーのモデルのようだ。

「加藤部長をお連れしました」

「はい、どうぞ」

一文字の声がした。美貌の彼女は、僕の目を見て、そっと微笑むと、ドアを開け僕を部屋に案内し、戻っていった。部屋に入ると、一文字は僕にソファに座るよう指示し、自分も座った。相変わらず、長い足を組むキザなヤツだった。

「おう、加藤君、しばらくだね。一番最近会ったのは、君が札幌支店長の辞令をもらいに、ここに来た時だったから、何年前だ？」

「二年ほど前でしたか」

「そうか。で、今度は、僕の直属の部下というわけだ。さてっと」

そう言うと、彼はスーツのポケットから手帳を取り出し、眺めながら、こう言った。

「先日ね、本店人事部でちょっとした打ち合わせがあってね、今の渋谷支店長が次の役員候補だけど、その彼のあとね、君たちの代でひとり、次の役員を選出しようということになってね、広谷君と君のどちらかになったよ。ほら、今のところ、僕が一番若い役員でさ、その前が栗山さんだから」

栗山さんには、千葉支店で世話になった。今の渋谷支店長と一文字が二年先輩、栗山さんは六年先輩だから、そろそろ若手の役員を登用しようというわけだ。

広谷というのは、入行以来、ずっと本店勤務で、その後、吉祥寺支店長、福岡支店長になった僕の同期である。こいつは、間違いなく最初からエリートだった。同期の誰もが、この広谷か、あるいは、荻窪支店長で女の問題でコケた福田が役員になるだろうと思っていた。それにしても、無印だった僕が役員候補とは。人事担当の役員である一文字がそう言うのだから、間違いはないだろう。

「それでね、君にお願いがあるんだけどさ……」

一文字は、軽く座り直すと、話しはじめた。

アキレスのかかと

「実は、秘書課長の村上のことなんだけどね…」

一文字正之の話はこうだった。

今日、はじめて総務部に出社の際から、僕の面倒をみてくれていた村上は、十数年前にM銀行の労働組合の専従行員として入行し、一文字の力で二年前に秘書課長になった男だった。

なんでも、村上の父親、村上武が共産党の元代議士で、一文字は東大全共闘時代から世話になったらしい。一時期、財産家の親から勘当をされ、絶縁状態に陥った彼を援助し続けたのが村上の父親だった。しかも、村上武は、福岡選出の議員の力を借りて、一文字正之の父親に話をし、彼の勘当を解いたという話である。

その縁から、一文字正之は、恩師の息子を労働組合の専従で入行させ、秘書課長まで引き上げたというのである。

しかし、所詮は労働組合の専従者。組合活動のことはよくわかるが、支店勤務経験もなく、銀行の業務に関しては素人同然である村上に、さすがの一文字もこれ以上の任務や役職を与えるわけにはいかない。

そこで、僕に白羽の矢を立て、村上の将来の面倒を託そうとしたのだった。

「僕が君を今の地位まで引き上げた意味も、君ならわかるだろう。頭取にも言ってある。村上を一人前の銀行員にしてあげてくれ。ただし、ないしょでな。銀行の仕組みから、人事の怖さまで。叩き上げの君なら、よくわかるだろうからな」

僕は、黙って聞いていた。すると、何を血迷ったか、一文字はこう言った。

「君の役員昇進の際には、及ばずながら、頭取ともども力にならせていただきますよ。まあ、そんなわけで、今日のところは、それだけ頭に置いといてよ」

そういえば、先の樋口頭取も「お手柔らかに頼むよ。君もあと少しで役員だからね」とおかしなことを言った。

デスクの上の電話が鳴ったのを機に、一文字との話は終わった。

「失礼します」と頭を下げ、役員室を出た。一文字は、去っていく僕に軽く手を上げながら、電話の話を続けていた。

銀行というところは、今さら言うまでもないが、人事評価がすべてである。

ということは、人事評価の権利を握る者が誰よりも権力を持つということだ。

M銀行で言えば、組合員をすべて押さえている一文字正之の人事評価によって、その時の給料の額だけでなく、どこまで出世できるか、銀行員として働ける期間、将来の出向先のグレード、さらには退職後の年金の額まで、人生のほぼすべてが決定されるのだ。

逆らったら、終わりである。ある日突然の転籍、すなわち、銀行員でなくなるのだ。給料も下がり、将来、二度と銀行に戻ることもない。

M銀行における、そうした人事に関する最高権力者一文字正之が、この僕に頭を下げ、恩人の息子である僕の部下の将来を託した。逆に言えば、僕がこの村上を立派に育て上げれば、僕自身がさらに大きく出世する、つまり、出世レースで、ついに、同期のトップでゴールのテープを切るということだった。

ここが、僕の正念場だった。それにしても、まさか、ディベートさせたらどんな論客もかなわないと言われた一文字正之がはじめて隙を見せるとは思わなかった。まさに僕に弱みを見せた。村上の存在は、一文字にとって「アキレスのかかと」であった。

「部長、お疲れさまでした。栗山役員にお電話したら、部長の都合のいい日を教えてほしい。ゆっくり食事でもしようとおっしゃっていました」

総務部に戻ると、村上が早速、声をかけてきた。

（ああ、無邪気なヤツだ。こいつは、秘書課長が適役だな）

僕は、そう思った。デスクに戻り、パソコンの電源を入れた。数多くのお祝いのメールが入っていた。そのなかに崎山絵梨香という見知らぬ名前があったので、メールを開いた。どうやって僕のメールのアドレスがわかったのだろうと思ったが、すぐに判明した。ここは銀行本店の総務部だ。僕のアドレスぐらい、簡単に手に入るわけだ。


加藤部長、先ほど一文字役員の部屋にご案内した者です。

これからもどうぞよろしくお願い致します。

秘書課　崎山絵梨香

僕は、何げなく、秘書課の女性たちのデスクのほうを見た。すると、じっと僕のしぐさを見ていたのだろう。先の美貌の女が僕を見て、恥ずかしそうに微笑んだ。

「加藤直樹、渋谷支店長を命ず」

それからひと月後、僕は同期で外資系の証券会社に転職した山中と、例の小さなロシア料理店にいた。

本社の総務部長になった時のメールのなかに、山中の名前があったので、お互いに連絡をとり、この夜の再会となったのだ。

「おい、調べた。時間がかかったけどな、あんたの言う通りや。あの崎山っておなごな、一文字の息がかかっとったわ。あれもな、銀産労の筋で、本店の秘書課に入行しとるで」

銀産労とは、一文字正之がＭ銀行に入行する前に若き書記長として活躍していた銀行産業労働組合の略だ。

山中は、いつものように、ウオッカをストレートであおりながら、さらに例の美貌の女について教えてくれた。それによれば、崎山絵梨香も東大出だが、卒業後、すぐにＩＴ企業の創業者と結婚したが、事業に失敗し、夫は自殺。

「それでな、彼女の父親が一文字と東大の同級生だったとかでな、娘を銀産労に入れてもらったらしい。ほんで、一文字が最近、Ｍ銀行の秘書課に引き抜いたってわけ。なんでも、そのおなど、えらい、きれいなんやってなあ。和製アンジョリーナ・ジョリーだって噂だけど、どうや、そんなええ女か」

(やっぱりそうだったか…)

実は、あれから、崎山絵梨香からのメールが続くので警戒して、山中に相談してあったのだ。今夜、それが一文字の仕掛けた罠だということがわかった。一文字のヤツ、自分が権力を持っていることをいいことに、「村上のことを託す」と言って左手で僕としっかりと握手をしながら、右手で僕の頬を平手打ちしようと思っているのがミエミエだった。

部下の女をタクシーで送って訴えられ、懲戒免職になった同期のエリート支店長、福田の轍は踏まない。

そのために、僕は村上とも決して飲まなかったし、ましてのこと、「一身上のことで、折り入ってご相談があります」という絵梨香のメールも無視し続けた。そのことを二人から聞いている一文字は、さぞ、おもしろくないだろうと思った。

それにしても、銀行の役員という輩は、何もしていない。どうしようもないヤツらばかりだ。時々、会議と称して、集まってはいるが、仕事らしい仕事は、稟議書などのさまざまな書類に、判子をつくだけだ。あとは、各部屋に閉じこもって、鼻をほじっているか、うとうと居眠りをしている。

そして、五時半になると、ハイヤーに揺られて銀座のクラブか赤坂の料亭へ。一度、樋口頭取のお供で、赤坂の料亭に行ったが、僕には退屈で退屈で、芸者の踊りも見ているのが苦痛だった。

昔、子供の頃に正月になると「双六《すごろく》」という遊びがあった。「振り出し」からスタートして、行きつ、戻りつして、最後は「あがり」がゴールであった。それが複雑になったのが「人生ゲーム」だろう。役員という位置は、その双六遊びでいえば、「あがり」の一歩手前だが、さいころの一以外は、上にも下にも動かない、実につまらない役職だった。

したがって、総務部長の仕事も実におもしろくなかった。銀行の株式や不動産などの管理、文具や事務機、用具や車両の調達、防犯、防災に関する対策、なかでも結構忙しいのが、地域社会や各種団体からの陳情や寄付等の依頼に対応することだった。お祭りや町内会の活動、冠婚葬祭など、なんでも取り扱った。

また、秘書課は、役員のスケジュール管理から送迎、さらには、役員のスピーチの原稿の作成まで引き受けていた。

それまで、必死で融資や資金吸収業務に追われて生きてきた僕にとっては、それこそ退屈でしかたがない毎日だった。たしかに、役員の一文字が危惧するように、そんな仕事ばかりしている村上課長に、どんなに一文字が手助けしても、将来、支店長になるような目はなかった。

このままなら、よくて子会社のローン会社の総務部長あたりだろう。

そんな夏のある夜、僕は昔、千葉支店で世話になった栗山常務と食事を共にした。

（役員で信用ができるのは、この人だけだ……）と僕は思っていた。あとは、狐も狸も、蛇も百足もいた。

本店人事部の部員にふたりが懇談をしているところを知られないように、東京のリバーサイドに新しくできたホテルの一流割烹の奥の和室で会った。栗山常務が、先に来ていた。

「あ、すみません」

「いや、まあ、ビールでも飲もう。待っていたんで喉が渇いたよ。ハハハハ……」

栗山さんは相変わらず、温厚だった。食事が進み、話は佳境に入った。

「いや、加藤君。今度、臨時の株主総会が開かれることになってね、一文字君がいよいよ専務になるようだよ。それでね、君に忠告だ。僕が見たところ、どうも君は一文字君に逆らっているようだけど、どうしてかね」

僕は、いい機会だと思ったので、栗山さんに聞いた。

「栗山さん、どうして、M銀行は組合出身者をあれほど優先するんですか。御用組合なのはわかりますけど、なんで一文字役員があんなに威張っているんですか」

栗山さんは、大きく首を左右に振ってこう言った。

「それはね、『象はなぜ鼻が長いのか？』という質問と同じだよ。誰が見たって、一文字君が威張っているのはおかしい。じゃあ、象の鼻が短かったら、どうだ。象じゃなくなるだろう。それと同じだね。彼が本店人事部からいなくなったら、M銀行じゃなくなるんだ。それ以上は僕も言えない」

「じゃあ、僕に、長い鼻に巻かれろ、ということですか」

「そう、君は本店の総務部に来てまもなく一年だろう。下手をすれば、一文字君の専務昇進が決まれば、君は飛ぶかもしれないからね。今なら、間に合うと思って、こうして君にざっくばらんに話したんだ。気にさわったら、ごめんよ。これが、例の千葉での僕の恩返しだと思ってほしい」

そうだったか。僕が村上に対して特にこれといったことを何もしていないことや、崎山絵梨香のメールを無視しつづけていることで一文字が僕に対しておもしろくないことを、栗山さんは知っていたのだ。千葉の恩返しとは、僕が反社会的勢力から得た開発計画のことだ。

「ありがとうございました」

僕は、ていねいに挨拶をして、ホテルを出た。

それから半年後、ついに僕は、臨時株主総会で専務に昇進した一文字正之とまともにぶつかったのであった。

それは年末の役員打ち上げの時だった。

秘書課長の村上は、一文字が昇進したせいか、うきうきとこま鼠のように働いている。彼にとっては、この年最後の大仕事なのだ。しかし、M銀行にとって、何も役に立たない役員のために必死で働く村上も情けなかった。

馬鹿にもいろいろいるが、勤勉な馬鹿ほどイラつくことはない。

村上は最後に、社員食堂のソバを頭取をはじめ、役員全員に出しはじめた。崎山絵梨香をはじめ、多くの美人秘書たちが配膳した。すると、ひと口、ソバをすすった一文字専務は大きな声で、誰あろう、入口のドアの脇で立っているこの僕を、すさまじい勢いで怒鳴った。

「おい、加藤！　お前、こんなのはソバじゃないぞ。俺たちに、こんなものを食わせていいと思ったのか！」

びっくりするほど、大きな声だった。見れば、隣の村上は怯えている。「打ち上げの最後にソバを用意するように」と僕は彼に指示はしたが、村上がどこか有名なそば屋から出前でもとったのかと思ったら、社員食堂のソバだった。これは、僕も知らなかった。崎山絵梨香まで、唖然とした顔で専務を見つめていた。誰も反論しない。一文字正之は、この銀行では頭取よりも偉いことを、この瞬間、誰もが知った。あたりは時が止まったかのように、シーンと静まり返った。

僕は大きく息を吸い、一文字を睨んだ。そして、覚悟を決め、剣道の試合の時のように、一文字に一歩、二歩と近寄り、M銀行の最高権力者に対して、はっきりとこう言い返した。

「専務、なんですか。今、何とおっしゃいました。ええ、何ですって？　こんなのはソバじゃない？　あなたねえ、社員はみんな、このソバを食べているんですよ！　役員だからと言って、そんなにうまいソバが食いたけりゃ、銀座でも日本橋でも行って食べなさいよ」

「なに、貴様！　誰に向かって言ってるんだ」

「あなたですよ。この銀行の最高権力者、天下の一文字専務に向かって、言ってるんですよ。このソバは銀行の食堂のソバですよ。このソバを毎日すすりながら、町内を一軒一軒駆けずり回って、預金を集め、必死に頑張っているM銀行全行員を代表して言ってるんですよ！」

栗山常務が「加藤君！」と言って、立ち上がったのは覚えているが、あとは何もわからない。僕は、言いたいことだけを言って、サッサと部屋を出て行ったからである。

それから一週間後、僕に新たな辞令が発令された。

「加藤直樹、渋谷支店長を命ず」

総務部部長兼秘書室長は、わずか一年。しかも、頭取をはじめ、多くの役員を前にしての銀行業界ではあるまじき上司への反抗。僕は当然、遠くに飛ばされるか、子会社に転籍させられるだろうと覚悟をしていたので、この異動には正直、驚いた。

妻も娘も、どこへ僕が飛ばされようが、どうせ単身赴任だと、一切、仕事のことには口を出してこない。いや、はるか以前から僕と妻は、家庭内遠距離恋愛だったから、何があっても問題はなかった。その僕が、まだ、人生が残っていたばかりか、誰でもが憧れる渋谷支店長に指名されたのだから、一番驚いたのは、この僕だ。

渋谷支店長は、前にも書いたが、役員の一歩手前の支店長だ。ここを無事に二年ほど勤めたら、これまでこのコースを歩んだ誰もが、役員に昇進していた。まさに、エリートコースを進むための金箔の折紙付きの地位が、この渋谷支店長であった。前の渋谷支店長は、役員待遇で本社で総務部と秘書課をみることになったそうだ。格は彼の方が上だが、仕事は僕とまるっきり入れ替わったわけである。

それにしても、前渋谷支店長の役員昇進は当然だが、あの一文字専務が僕と渋谷支店長のこの入れ替わり人事をよく認めたものだ。

きっと、栗山常務の意見があったのだろう。

考え方を変えれば、一文字正之という裸の王様に、僕がはじめて意見をしたのだ。それが、頭取以下全役員に通じたのかもしれない。誠実に生きていれば、どこかで誰かが見ていてくれると思った。

栄転の罠

さすが、渋谷支店である。

僕が本店役員室で、一文字専務にビシッと言い返したという噂は、全行員のみならず、M銀行渋谷支店の大口融資先の企業に知れ渡っていた。

「支店長、すごいですね。お手柔らかに願いますよ。M銀行さんに手を引かれたら、グループ全体が傾きますからね」

ある日、渋谷に拠点を構える東浜鉄道株式会社（仮名）の社長に赴任の挨拶をしに行った時、社長から早速、その話が出た。

「支店長は、M銀行は銀行強盗が保安官をやっているようなものだって、組合と経営陣の癒着を抗議したんですってね。おもしろいことを言いましたね。うちも強盗を上手に手なずける保安官がほしいですよ。組合が強くてねえ、ハハハ……」

噂は、尾ひれも羽もつけて飛び回るものだ。

それにしても、さすがM銀行の役員への滑走路の渋谷支店長だ。同じ社長でも、支店長が会うことができる会社のレベルがちがう。

渋谷支店の最大の取引先であるこの東浜グループは、東浜電鉄株式会社を中核とする企業グループで、約二百四十社で構成され、年間の総売上高は二兆円を超える。グループには、東浜バス、東浜タクシー、東浜百貨店、東浜ストア、東浜ホテル、東浜リゾート、東浜不動産、東浜ホームズ、東浜建設、東浜エージェンシーなど世間的によく知られている企業が含まれている。

これらのグループ会社をすべて取引先に持っているのだから、M銀行にとって、いかに、渋谷支店が大規模支店かわかるというものだし、ここの支店長をしっかりとこなせば役員に抜擢されるというのも当然と言えば当然のことであった。渋谷支店だけで、地方の小さな第二地銀一社以上の取扱額であっただろうと思われる。

だが、これまでの渋谷支店のこの東浜鉄道グループへの融資が、実は大変な問題となっていることは、その時まで、僕には何も知らされていなかった。

この東浜グループの最大の弱点は、グループ加盟各社をそれぞれの自由裁量に任せたことにあった。したがって、渋谷支店は東京都内にある各社の本社に、一社ごと、それぞれ自由に融資した。グループの中核が安定した収益を誇る東浜急行電鉄株式会社だから、担保としては問題がないからである。

だが、バブルに乗って肥大化したグループ内各企業の整理がつかず、バブル崩壊後、東浜急行電鉄は、グループ全体の有利子負債を大量に抱えていたのである。そこで、グループ全体が、採算の取れない子会社を次々と切り、リストラを行い、グループ企業の再編成を行っている時期に、支店長が交代したというわけであった。

「いい時に、前支店長は逃げ、本社に戻った」という噂をまわりから聞いたのも、一度や二度ではなかった。

（そうか、一文字が自分を許すわけもなかった。こういう仕掛けか。前渋谷支店長を絶望の深い穴から救い出し、そこへこの僕を……）

この僕を懲罰のために、単に、関連会社に転籍させたのではもったいない。もっと、苦しめてやろうというのが、一文字の作戦だったということに気づいた。芥川龍之介の小説「蜘蛛の糸」のカンダタが僕だった。地獄に堕ちた男を這い上がらせようと蜘蛛の糸をたらすが、途中で切ってしまう……。一文字ならやりかねない。

東浜鉄道の社長への挨拶を終え、支店長室に戻ると、僕は早速融資課長を呼び、これまでの状況をヒアリングした。そこで、問題点が次々と発覚したのである。

融資課長によれば、東浜急行電鉄株式会社が連結決算をやめたら、東浜百貨店、東浜リゾート、東浜建設、東浜不動産、東浜ホームズは明らかに倒産する危険性があった。まさに、東浜急行電鉄という大きな豚の乳を必死で吸いながら、各社がからくも生き延びているという状況であった。

だからと言って、ここで渋谷支店がその地名のごとく、東浜百貨店などに融資を渋ったら連鎖倒産である。本体の東浜急行電鉄すら傾きかねない。だからと言って、貸し続けたらどうなるか……。不良債権は一社、少なくとも百億円では済まない。渋谷支店にとっても、このまま融資を続けるか、まさに正念場であった。一文字正之の僕に対する「あくなき玩弄《がんろう》」がはじまったことを、この時はじめて気がついたのである。

「支店長、大変な時期に乗り込んできましたね」

遅くまで膝を付きあわせて検討したその晩、センター街で飲んだ居酒屋で、融資課長はそう言ってため息をついた。だが、さすがの僕もこの時ばかりは何も言えず、黙って酒を飲み続けるしかなかった。

それからしばらくして、僕と融資課長に本店から呼び出しがかかった。

聞けば、東浜急行電鉄グループに関する融資をすべて本店に任せないかということであった。たしかに、ここですべてを譲渡したら、渋谷支店は楽になる。だが、それだけの規模の融資先を失った渋谷支店はどうなるのだ。規模ははるかに縮小し、Ａ級支店ではなくなってしまう。

だが、本店側の攻勢はすさまじかった。それは、渋谷支店を助けようとしているのではなく、本店の力を増強したいだけであった。本店も全体の融資額がこのところ年々漸減《ぜんげん》している。それこそ、頭取をはじめとした経営陣の責任が問われはじめたのだ。

そこで、渋谷支店から東浜急行電鉄グループを丸ごと本店に組み入れ、全体の融資規模を拡大しようというわけである。

もちろん、僕は反対した。しかし、渋谷支店長の僕ひとりが反対したからといって本店の方針が変わるわけもなかった。結論は、東浜急行電鉄グループに一任することで本店との話がついた。その使者に選ばれたのが、専務の一文字正之であった。

専務は、本社との取引を積極的に勧めた。だが、東浜急行電鉄グループは、M銀行本店融資部を一顧だにしなかった。

「私たちは、渋谷支店とずっとこれまで取引をしてきたのです。ですから、これからも渋谷支店とお付き合いをさせていただきます」

さすが、天下の東浜電鉄である。それは、専務からの直接の電話で知った。

「加藤君、東浜急行の社長に何を言ったんだよ。いいかい、これからは東浜電鉄グループのことで泣き言を言っても俺は何もしないからな。全部、お前の責任だ。いいな」

（当たり前だ。他人の米びつに勝手に手を突っ込んで何を言ってるんだ、クソ専務が）

そう、心の中で叫びながら、受話器を置いた。一文字専務の苦虫を噛み潰した顔が目に浮かんだ。

金融庁がやってきた！

「いいか、がまんだよ。なんとかこの危機を乗り越えたら、晴れて役員だからな」

本店の栗山常務は、時々、電話をくれては、いつものリバーサイドのホテルの割烹でそう言ってくれた。

「偉くなろうと思ったって、なかなか出世できないんだ。君のように、人におもねることなく、ここまで来たんだ。あと一歩だから、粘れるだけ粘るんだよ」

栗山さんは、地方大学出で、東大や京大、早稲田や慶応といったエリートと戦ってきた苦労人だけに説得力があった。

また、同期で外資系の証券会社の部長をやっている山中も、さっさと転職し企業コンサルタントに転進した横山も、飲むたびに僕にそう言った。正月の双六で言えば、あと一歩で「あがり」だから、さいころの一が出るまで待てというわけだ。

（そうか、みんな期待してくれてるんだ。自分のようなこんな役員がいたら、おもしろいかもしれないなっていうわけか）

僕も、彼らの気持ちが嬉しかった。実際、ここまできたら、一文字うんぬんではなかった。

銀行員としての最後の仕事を全力全うしようと思っていた。

　僕の剣道の師の口癖、「得意平然　失意泰然」の心境であった。勝っても負けても心は動揺しないこと、それが剣の道のめざすところだと学生の頃、教わったことをふと思い出した。

　そんなある日、支店内が急にあわただしくなった。

　通用門で揉めているという。あわてて、飛んでいくと、「支店長ですか。金融庁です。今からM銀行渋谷支店に金融庁の検査に入ります」と言い、「はい、どうぞ」と僕が言うのを待っていたように、二十数人の係官が銀行内に入ってきた。

　まだ、朝八時である。通用門で揉めていたのは、「金融庁です」と言われても、ガードマンが信じなかっただけでなく、「証明できる書類をお見せください」と言ったため、「なにを！」ということになったようだ。

　あとで聞いて、僕はそのガードマンにお礼を言った。

「ありがとう。あれで、君が『はい、どうぞ』と言って行内に入れたら、僕が金融庁からものすごく叱られるところだったよ。君の支店は、証明書も見せずに『金融庁です』と言ったら入れるのか。強盗団だったら、どうするってね」

　本当に、そうなのだ。金融庁というところは、重箱の隅をつつくように銀行の落ち度を徹底的に探しまくるところなのだから。

金融庁の係官は行内に入ると、奥の金庫を開けるように、僕に指示をした。そんな時に「おい、カギは？」などとモタモタしていたら、金融庁に冷笑され、これもあとでお叱りを受けるに決まっている。

「おい、大会議室を空けておけ」

僕は部下に指示をした。金融庁が僕の前に現れたのは、初めてだった。金融庁は、無作為に突然、支店から検査に入るのである。検査官は大支店のため二十人はいるだろう。彼らが渋谷支店の資料を全部チェックするために、大きな部屋が必要なのだ。

金庫が開けられると、現金と現物をすべてダンボールに入れ、行員に部屋まで運ばせる。現物というのは、通帳とか証書である。次々と運ばれたダンボールのなかのキャッシュが机の上に重ねられ、預金通帳や証書との付け合わせが行われる。

それこそ一円でも合わなかったら大変である。だが、毎日、午後三時になるとシャッターを閉めて、現金の照合をしているから、さすがにそんなことはない。

「おい、そこでぼやっと立ってるんじゃないよ。ダンボール、下にまだあっただろう。この部屋に運べよ」

検査官のひとりが次長に怒鳴った。それにしても、金融庁のこいつらは、生意気だ。なんでも命令口調だ。

なぜ、彼らが横柄かというと、こいつらはほとんどがノンキャリだ。その昔、大蔵省には金融局と検査局があった。東大出のキャリア組はすべて金融局に配属され、検査局にはノンキャリアの検査ひと筋の人材が勤務していた。

だから、銀行側も、この大蔵省検査局がいつ来るか知りたくて、ＭＯＦ担という彼らを接待漬けにして、情報を得る担当者を置いた。「ノーパンしゃぶしゃぶ」は、彼らの先輩、大蔵省検査局の接待で話題になったのである。

そのため大蔵省が財務省に変わったのを機に、検査局が金融庁に名称が変わった。だが、名前が変わっただけで、中にいるのは相変わらず、ノンキャリア。財務省での日頃のうっぷんを銀行をいじめることで晴らすしかはけ口のないヤツらなのである。

そう、ドラマ『半沢直樹』の堺雅人さんに敵対する金融庁の片岡愛之助さんの役、あの人は財務省では出世しない、ノンキャリアなのである。彼らは、「国民のため」という旗印を掲げ、銀行の融資の状況を詳しく調べるのである。そして、これからが彼らの目的である「融資」が正しく行われているかの検査である。

渋谷支店長の僕と融資課長が、金融庁の検査官の前に座る。

後には、用意したダンボールの山。そのダンボールの中には、正常融資先、要注意先、破綻懸念先、実質破綻先、破綻先などと格付けされた融資先企業のあらゆる財務資料が詰まっているのである。

僕と融資課長を囲むように、本店のメンバーが近くで見守っている。言っておくが、彼らは同じM銀行の行員でありながら、決して僕らの味方ではない。僕と融資課長が、どのように苛められるかを観察し、本部に報告するためだけに、実に冷静な目で臨席しているのである。

検査役の手には、渋谷支店のすべての融資先と業績が書かれた資料があった。一枚目を見ながら、言った。

「はい、△△社の資料を出しなさい」

行員が、△△社の融資に関する稟議書をはじめ、三年分の収支決算書、所有不動産の現在の鑑定額などの財務資料のコピーを検査官と僕たちの前に提出する。

そして、一ページずつ、説明していくのである。

「待って。君の言っていることがよくわからない。私にわかるように説明して」

「だから、どうして、そういう結論になるのかって、聞いているんだよ。融資課長さんよ、頭が悪いな、君は」

「ということは結論から言えば、この会社は破綻懸念先ということだね。引当金は……」

金融庁の検査は、そんな感じで展開する。僕が口を挟む。

「ちょっと待ってください。この会社は、そこにありますように、業績が上がっています。ですから、これは、正常融資先だと僕は思うんですが…」

「支店長、あんた、馬鹿もいいかげんにしなさいよ。この会社のいったいどこが正常なんだよ」

僕は必死だ。なぜかと言うと、融資先が破綻懸念先ということになってしまうと、引当金というものを銀行は用意しなければならなくなる。引当金とは、万一倒産して全額が戻ってこない時に備えて、最悪の場合は、融資した金額の一定額を銀行が用意しなければならないからである。破綻懸念先と断定された時は、多くの場合、現在融資している金額から、担保等で回収可能が確実な金額を除いた金額が引当金の額になる。

その額が多ければ、たとえ、融資先が倒産しなくても、銀行そのものの財政が揺らぐ。なにしろ、引当金には一切、手をつけてはいけないのだから。金融庁は、銀行に引当金を用意させたいのだが、銀行はそうしたくない。なぜなら、引当金を積めば当然、銀行の収入が減るどころか、資本そのものまでも減少し、大きな影響を受けるからである。

実際、十数年前にＩ銀行に金融庁の検査が入り、指摘を受けたために、不良債権が四百七十億円増え、そのために破綻してしまった。いかに、融資先が正常に近いか、そのせめぎ合いが、金融庁の検査官と僕との間で一社、一社行われるのである。

「じゃあ、いいよ。ここは支店長の顔を立てて、これはペンディング。じゃ、次、□□社、ここは三年続けて赤字だね。その資料を全部、ここに出して、早く！……」

「はい、これが資料です」

「こんなに赤字なのに、渋谷支店はまた今年も融資しているね。支店長は来たばかりだから知らないと思うけどさ、融資課長、これ、ほんとに大丈夫だと思って融資したわけ？　あんたの頭の中、どうなってるの？」

　融資課長は、黙っている。

「黙っていたらわからないだろ。何とか言えよ」

　こういう時も、ぼくは口を挟む。

「はい、たしかに三年連続で赤字ですが、ついに新製品が生まれました。今、これが飛ぶように売れています」

　僕は、商品を取り出し、商品の説明はもちろん、売上げ計画表、デパートからの注文表など、ありとあらゆる資料を駆使して、□□社も正常融資先にもっていった。

　三日間、朝八時から午後五時まで、食事以外は休みなく、金融庁の検査は行われることとなっている。最終日、とうとう、渋谷支店最後の砦、東浜急行電鉄グループへの融資に金融庁のメスが入った。

「さあ、支店長、もう逃げられないよ。これはアウトでしょ。電鉄はよいとしても、百貨店、建設、それにリゾートはどう考えてもダメでしょう。あとは要注意先にするとしても、この三社は破綻懸念先だよね。だから、全部で引当金は一千億かな……。あんた、支店長になったばかりで申し訳ないけどね、俺の力を使えば、クズ支店長のひとりや二人、クビにするのは簡単だからね」

　僕も負けていなかった。いや、負けられなかった。銀行の支店長の答え方ひとつで、融資先の企業がつぶれてしまうかもしれないのだから。本店でなく、従来通り、渋谷支店と取引したいとせっかく言ってくれた企業を、僕が守らないでどうする。

「検査官、ちょっと待ってください。どこを見て、破綻って言ってるんですか。この三社、これが三社の再建計画書です。リストラは千人を越しますよ。ちゃんと経営努力しているじゃないですか」

「そんなこと、当たり前だ」

「だから、ここで融資をしないと、その経営努力も無駄になるじゃないですか」

「経営努力、経営努力って言ったって、今までそれができなかったから、こうなったんだろ。ダメだ、ダメだ。えーと、引当金は一千億と……」

「ちょっと待ってください、これがこの次の株主総会で決定することになっている新役員の名簿です。あなたの先輩が経営陣に入ってますよ。元財務省のＯＢですよ。会ってきましたよ、私。なんなら、あなたの名前を出して、もう一回相談に行ってきましょうか」

こう言って、「おもしれえじゃないか。財務大臣だろうと総理大臣だろうと勝手に言いつけてみなさいよ」と言ったヤツはひとりもいない。

「本当に会ったの？　今度会ったら、よろしく言って」が関の山だ。

実は、本店が渋谷支店から東浜グループの融資を移そうと画策した時に本店扱いでなく、渋谷支店でこれまで通り融資を行うことが決まった際、僕が東浜急行電鉄の社長に頼み込み、金融庁対策として、なんとか破綻懸念先のグループ企業に、財務省ＯＢの天下りをお願いしておいたことが、ここで役に立った。もちろん、その財務省ＯＢには僕は会っていない。

「え、あっ、そうなの」

そう言っただけで、金融庁の検査官は沈黙した。彼の頭の中に、いずれ自分もその線でお世話になるかもしれないと思ったからだろうと思う。「天下り」という言葉は、彼らの定年後の生活を左右する大変に重要なキーワードなのだ。

「じゃあ、いいですね。この東浜急行電鉄グループのこの三社、正常融資先はきついでしょうから、要注意先ということにしませんか。これから、破綻しないように厳しく注意をするということで……」

僕は、検査官の顔をのぞくようにして、そう提案した。

「わかった。じゃあ。それで」。「天下り」が効いた。

こうして、僕は、最大の難関である金融庁の検査を乗り切った。その噂は、僕と金融庁検査官とのやりとりを冷たい目で見ていた本店行員から、役員に伝わった。当然、一文字正之にも知らされたにちがいない。彼は、いったいどう思ったのだろうか。


これで、僕の役員昇進は、確実だと思われた。誰からもそう言われた。本店の栗山常務からも電話があった。

「よかったな。金融庁の検査、よく潜り抜けたと本店でも話題だよ」

「ありがとうございます。栗山さんの励ましのおかげです」

勝った。僕は、あの一文字正之に正面から立ち向かい、とうとう打ち勝った。激しい鍔ぜりあいの末、正面から面を一本とった感じだった。

季節も長い冬が終わりを告げ、春がやってきた。

「支店長、本店から電話です」

僕は、受話器を取った。

「辞令を渡すので、本店に来るように」

（ああ、とうとう、僕は同期のトップで役員になったぞ！）

心が躍った。

そして、数日後、ついに、その日が来た……と思った。

早咲きの桜が満開だった。僕は、勇躍、本店人事部に向かった。本店の入口で、新入行員とすれちがった。若い。自分の子供のようだ。ふと、何もわからず入行した頃の自分の姿を思い出し、涙があふれそうになった。


辞令を受け取った。そこには、こうあった。

「四月一日付けで、株式会社日南技工の常務取締役を命ず」

その日、一文字正之の姿はなかった。

……………。

僕は一瞬、目を疑った。だが、すぐに冷静になった。

ああ、これが僕に対するM銀行経営陣の仕打ちか。この時ほど、銀行というところは、いかに汚いところか、嫌というほどわかったことはなかった。廊下ですれちがった誰もが、僕と目を合わせない。

こうして、この日を最後に、僕は、銀行員でなくなった。

外に出ると、風が吹いた。

一瞬、桜並木の枝が揺らぐと花びらが舞い、ひとひら、ふたひら、僕の新調したばかりのアルマーニのスーツの肩に落ちた。

第五章

哀れな銀行員の末路

三十五歳までに同期の二割が転職

こうして、僕は今、M銀行からの転籍出向という形で、建築業界の特殊機械を製作し近年特に業績が伸びている株式会社日南技工（仮名）に勤務している。

僕が辞令をもらった翌日、福岡支店長だった同期の広谷が役員待遇に昇進した。もともとエリートコースを歩いてきただけに、当然のことだが、彼が役員になれたのも、ただ運がよかっただけである。「運も実力のうち」と言われればそれまでだが、何もしないことが一番だという銀行の体質を広谷は生まれつき持っていたということだろう。

これ以上、広谷について書くと、スポーツマンシップに反するので、ここらでやめておくことにする。

さて、僕が新たに勤める日南技工という会社は、もともと日本を代表する特殊機械メーカーだっただけに、アベノミクスの影響で公共事業が増えていることもあり、このところ、著しく業績が伸びている。

しかし、本来、技術屋ではない僕が、このメーカーで出来ることといったら、経理関係しかない。とは言っても、当然、この会社には経理課があり、顧問税理士がいる以上、僕がすることなどこれといってない。すると、この会社の社長が僕のために用意してくれたポストが、この会社の社長が理事長を務める特殊機械メーカー業界全体の企業年金基金の管理と運用に関する仕事であった。

それにしても、なぜあと一歩のところで銀行の役員になり損ね、しかも五十歳を過ぎ、銀行員以外の仕事に就いたことのないこの僕をこの会社が再雇用してくれたのか。

その理由は、これから書く「銀行員の哀れな末路」と大いに関係するのである。

ここまで書いてきたように、僕は百五十人の同期とともに入行し、出世レースを疾走してきた。そして、同期の中で大小を問わず、ともあれ一度でも支店長になれたのが二十五人。役員になれたのが、そのなかのひとり。しかも、それはたまたま僕の入行した時だけの話ではない。毎年、毎年どの銀行でも行員たちは同じコースを歩む。

M銀行においても、同じで、少なくとも六十歳の定年まで銀行にいることができるのは役員になったヤツだけだから、どの期の入社組も定年まで銀行にいられるヤツは、同期にひとりいるかいないかであろう。多くの社員が定年で一斉に退社していく一般企業と銀行業界とは、ここに大きな差があるのだ。

ということは、僕の同期の残りの百四十九人はどうなったのか。僕が五年前にこの株式会社日南技工にお世話になったのを機に、暇で持て余していた時間を利用して、調べてみることにした。その結果、これまで僕が思っていた以上の「銀行員の哀れな末路」がはっきりと見えてきた。

まず、わかったことは、銀行というところは他の企業に比べて、圧倒的に若い頃の退職者が多いということであった。これは、僕が入行したM銀行だけではない。どこの銀行でも、自らの意思で転職している若者が多い。彼らが夢と希望を抱き、働き甲斐を求めて入った銀行が、現実はそんなに甘いところではなかったのである。

彼らが転職する理由はよくわかる。わずか二、三年毎繰り返される転勤によるストレス、ノルマの厳しさ、人間関係の難しさ、そして何より入行数年組の彼らの転職の最大の原因は、理想と現実のギャップだっただろう。

「取引している企業と一緒になって新しい事業を展開したい」とか、「資金繰りに苦労している中小企業へのアドバイスをしたい」、「外国支店に行って、バンカーとして世界で活躍したい」などといった大きな夢を持って入行した行員たちが、実際に行うのは地元を回って、定期預金を集めることだったりするからである。

僕も経験があるが、毎日毎日、一軒一軒訪ね歩き、預金を集める仕事は大変である。

足を棒にし、暑い夏は汗を拭き拭き頭を下げまくる。大学時代に「金融論」などというゼミで優秀な成績を上げ、颯爽と入行してきた行員たちの「エリート意識」は、こうして最初の数ヶ月でズタズタにされる。

しかも、そこに転勤が加わり、地方の小さな支店に飛ばされて、本店人事部が絶大な権力を有する銀行という名の「伏魔殿」がようやく見えてきた頃、「ああ、銀行とは自分が思い描いていたところではなかった」という現実に目が醒めるのである。

（このままでは、こま鼠のように働かされて、ボロボロにされる。その時になってあわててもダメだ。転職するなら、今だ）

こうして、僕の同期も、結局、次々とM銀行を若い時に辞めていったのであった。

銀行員とは結婚させるな！

同期の名簿を頼りに、しらみつぶしに調べてみると、三十歳までを一区切りにした場合、僕の同期のうち、なんと約二割にあたる二十六人が三十歳までで転職していた。

もう少し、細かいことを言えば、よく言われる三年目までが十三人、四年目、五年目が各五人、六年目が一人、三十歳になった七年目が二人である。

六年目に辞めた横山という同期と連絡がついたので、彼が辞めた理由を聞くと、「プライドが傷ついた」からだそうだ。彼は早稲田の政経学部を卒業していたが、二回目に配属された支店で、当時、まだ残っていた高卒の支店長にかなりいじめられたらしい。「それでも、早稲田か」などと、ことあるごとに言われ、頭にきて、辞めたという。

僕には誇るべき学歴がないので、それに関して、何とも言えない。僕はいじめられても、逆に必ずいじめ返してきたから、横山の言う「プライドが傷ついた」という理由がわからないが、それにしても、銀行員が三十歳を過ぎた段階で、同期が二割も退職しているというのは、銀行業界がいかに表と裏が異なるかということだ。だが、それにも増して、すごいのは、こうしたうす汚い銀行内の裏側が世間に正しく伝わっていないということだろう。

逆に言えば、銀行業界の世間に対しての隠蔽工作が、それだけたいしたものだともいえる。なにしろ、今の今でも、「娘が銀行員と結婚したのよ」などと、嬉しそうに話すお母さんが全国に現実にたくさんいるのだから、どうしようもない。

言っておくが、もし、あなたに息子さんがいたら、絶対に銀行員にしないほうがいい。あなたの息子が優秀であればあるほど、その才能は潰され、転勤に次ぐ転勤で、いずれ、家庭は破壊される。それに何より、間違いなく定年まで銀行員でいられないのが、銀行員の末路だから。働き盛りの四十代で夢を失い、ただ、生きている元銀行員の末路は、いかにも淋しい。

そんな銀行員に娘を嫁がせられるか。

僕にも娘がいるが、まだ子供の頃から、大事な娘は、決して銀行員と結婚させないつもりでいた。もっとも、娘のほうが父親の僕を見て、「絶対、銀行員とは結婚しない」と宣言しているのだが……。

またひとり、飛び降りた

同期のその後を調べていて、驚いたことがあった。

僕がまだ上野支店にいた頃、荻窪支店に勤務していた同期がいた。僕とはウマがあったのか、彼の学生時代から行きつけのスナックでよく何かあると、カウンターで安酒を飲んだ。一橋を出た高林という国立大出にしては気のいい男だった。

その彼が四十歳の時に、単身赴任先のマンションの屋上から飛び降り自殺をしていたのがわかった。それを教えてくれたのも、横山だった。

高林とは、行きつけの新宿のクラブのママから電話がかかってきたというだけで、本店人事部に呼び出された広瀬支店長の話をした思い出があった。「女にはお互い、気をつけようぜ」とグラスを重ねたことを思い出した。

（え、高林が飛び降り自殺？　それは知らなかった……）

彼が自死したのは、僕が千葉支店でその筋の男たちとの交渉に夢中になっていた頃だったから、かれこれ十年ほど前だ。だが、あの頃、誰からも、高林の死を知らせる電話もなかった。もっとも、銀行というところは、人間関係の薄いところで、同期で入行しても、入行式で顔を合わせて以来、一生、一度も会うことのないヤツはたくさんいる。だから、当然、同期のその後などわかりやしない。

（それにしても、飛び降り自殺なら耳に入るだろうに……）

僕はそう思ったが、さすが「羊頭狗肉」のごとく、信用第一を表面上掲げている銀行である。都合の悪いことは、隠蔽する。

M銀行本店人事部はすぐに新聞社本社に圧力をかけ、彼の自殺をまったく闇に葬ったため、同期の僕ですら知らされていなかったのだ。もちろん、彼が勤めていた支店の支店長をはじめとする次長、課長などはすぐに人事異動で全国の支店に散り、何事もなかったように、支店は営業を続けたのである。

「そうか、お前も知らなかったか。俺はとっくに辞めていたから、ある筋から密かに連絡があってさ、告別式に行ってきたよ。あいつとは、配属が決まる前の研修の時に同じ部屋でな、以来、仲よかったんだ。お前もたしか、親しかっただろ。あれはいつだったか、『昨晩、お前と飲んだ』って、高林から聞いたことがあるよ」

「葬式に行ったのか……」

「奥さん、泣いてたよ。銀行から、弔電と花が届いただけで、誰も葬式に来なかったって。まだ、子供が小学生だった。自殺するくらいなら、銀行なんて、辞めちゃえばよかったんだよ」

「そうか……知らなかった」

「俺はそんな縁で、三回忌も七回忌も花を贈ったよ。おい、加藤、いい機会だからさ、あいつの家にお線香をあげに行かないか。時間あるか？」

今は、経営コンサルタントの看板を掲げて、うまく世渡りしている横山のおかげで、それから一週間後の休日、僕たちは高林の家を訪れた。彼の家は、みなとみらいと中華街で賑わう横浜の中心街からバスで二十分ほどの新興住宅地にあった。あたりには同じような住宅が立ち並んでいる。それほど大きくないが、南欧風の瀟洒な住宅だった。高林が横浜支店に勤務していた頃に買ったのにちがいない。

そして、奥さんから事情を聞くことができた。

それによれば、彼は荻窪支店から、豊橋支店、宇都宮支店、横浜支店、長野支店と巡り、次長として岡山支店に勤務となった。家族も子供が二人。もともと横浜に奥さんの実家があったので、横浜支店勤務の時に家を買い、以後、高林は単身赴任を続けていたそうだ。

「こんなことを聞いてはいけないと思うんですが、高林は何か悩んでいたことがあるんですか」

私は、もう落ち着いただろうと思い、その時の高林の様子を奥さんから聞いた。

「ええ、私も子供を私の両親にまかせて岡山にちょくちょく行ってたんですけど、その度に疲れた顔をして、『支店長とそりが合わない』とこぼしてました。私は『そう、でも、頑張って。もう少しで支店長でしょ』って励ましたんですけど。あの時に、もっと相談に乗ってあげていればよかったかもしれません……」

「当時の岡山の支店長の名前、わかりますか」

「立石さん…だったかしら？」

「え、立石？　立石五郎ですか。あの野郎！」

突然、横山の顔が紅潮した。

「加藤、立石っていうのはさ、俺を辞めさせた支店長だよ。嫌な野郎でさ、高卒の叩き上げの支店長なもんだから、俺たち大学出をいじめるんだよ。猫なで声のおネエ言葉なんか使いやがって、『こんなこともわからないの。大学って、いったい何を教えているんでしょうかねえ』なんて言いやがった。それがさ、一度や二度じゃないんだぜ。何度ぶん殴ってやめちゃおうかって思ったぐらいだよ。何かあると、自分の失敗を部下に押し付ける汚ねえ野郎だよ」

奥さんがその立石支店長から聞いた事情によれば、その頃、岡山支店は顧客からのクレーム処理にてこずっていて、本店から調査が入ることにもなっていたので、高林は次長としてその対応に疲れ、発作的に飛び降りたのではないか、と言うのだそうだ。

それにしては、いくら葬式が家族のいる横浜で行われたにしても、銀行関係の人が誰も来なかったというのはおかしい。せめて支店長ぐらいは弔問に来てもいいだろう。

だが、本店がマスコミに手を回し、高林の飛び降り自殺はなかったことにしているのだから、葬儀には来たくても誰も来られなかったのかもしれない。また、本店人事部は、高林の自死の原因を知っていたからこそ、当時の支店の幹部社員を素早く全部、異動させたのにちがいない。銀行というところは、そういうところだ。

横山によれば、顧客からのクレーム処理が長引いて、本店検査部からのヒアリングが入り、自分の首が危ないと知った立石支店長が、すべての責任を高林に押し付けて責任逃れをしようとしたのではないかと言うのである。

高林は、それに反発するか、または、刺し違いをして一緒に責任を取ればよかったのに、持ち前の責任感と「そんなことも大学を出てできないのか」という立石独特の嫌味に真正面から立ち向かい、「じゃあ、やってやろうじゃないか」と全責任を背負ったため、自死に追い込まれたにちがいなかった。

高林にしてみれば、この難局さえ乗り切れば、次は支店長だという強い思いもあっただろう。だが、クレームは彼の想像以上に激しく続いた。きっと、ブラック・ジャーナリズムが何か嗅ぎつけたのかもしれない。支店長の立石が横山の言うような性格なら、高林を激しく責めたであろう。

「どうしてここまでこじれたんだ。君のせいだよ。君がいけないんだ。本社に知れ渡ったら、もう終わりだよ。なんとかしてよ。ああ、君になんか任せなければよかった。ああ、俺もついてない……。大学を出ただけで能力もないくせに、ここまで出世してきた次長を部下に持った俺の悲劇だ。いいかい、これは、君の責任だからね」

そして、次長の高林が全責任を取った……。

きっと、そんなところだろうと思う。僕なら、こんな馬鹿な支店長なら、本店人事部にこれまでの支店長の無能さを訴え、せめて両成敗で刺し違えてやる。

帰り際に、二人で横浜駅前の外資系のホテルのバーで飲んだ。

「横山、今日はありがとう。高林もきっと喜んでるだろう。同期で二人目だなあ、飛び降り自殺」

「そうだなあ、あいつ、なんて言ったっけ」

「水無瀬だろ。東北大だったな、たしか。あいつは、研修中に飛び降りやがった」

「そうだ、水無瀬、水無瀬。まだ正式にどこの支店にいくか、配属が決まっていないのに、自殺したんだったよな」

あえて言っておくが、銀行員の自殺はかなり耳にする。

僕の同期ではわずか二人だが、この年までの間に他銀行も含めて、五、六人の自殺者のニュースを聞いた。僕に限らず、どこの銀行員でも定年までの間に、数人の自殺のニュースを聞いているだろうと思う。だから、誰もがその知らせを聞いた時、「ああ、また飛び降りたか」と思うだけである。

それにしても、水無瀬は早かった。まだ、入行してひと月しか経っていない研修期間中に、合宿していた地方のホテルの屋上から飛び降りたのだから。原因は、「地獄の特訓」という、連日の長時間に及ぶ山登りと滝行による精神の疲弊だ。

あれは、たしかにきつかった。早朝四時に起床し、体操をして五時半の日の出前に山の麓のホテルを出て、岩と岩の間の急な山伏の霊山道をあがり、途中の滝で霊水を浴びるという、僕に言わせれば、銀行業務とまったく関係のない修業だった。

銀行の人事部か総務部あたりが、研修専門のイベント屋にうまく乗せられたにちがいない。その証拠に、水無瀬が飛び降りた翌年から、この研修は終了し、以後二度と行われることはなかった。

実にくだらないことで、大事な命を落としたものだと思うが、研修ぐらいで自死を選ぶような精神構造だったら、きっと、銀行員生活も長く続かなかったかもしれない。

そのくらい銀行というところは、うす汚い、陰湿なところなのだ。

銀行員の定年は四十歳？

僕の同期の百五十人のうち、三十五歳までで転職したのが二十六人、高林のように病気や自殺で亡くなったのが三人、心の病で退職したのが二人、そして、僕との壮絶な出世争いに勝利し役員になったのが一人だとすると、残りは百十八人。

調べていくと、彼らは、四十代で他社に移っていた。つまり、同期でM銀行に残ったのは、役員になった一人だけである。

もちろん、僕の同期の彼ら一人ひとりが、今どうなっているかまで詳しいことは調べようもないが、彼らがもし、三十五歳から十数年の間に中途退社をしていなければ、彼らは「出向を命ず」という辞令を受け取り、銀行を離れ、M銀行と取引のある会社か、子会社、孫会社、関連会社などで、間違いなく働いているはずである。

「おい、半沢、聞いたか？　近藤の出向先がタミヤ電機に決まったぞ」

人気爆発のテレビドラマ『半沢直樹』のなかで、及川光博さん演じる渡真利が堺雅人さんの半沢直樹に語りかけるシーンがあったのを覚えているだろうか。

また、話題になった最終回で、半沢直樹が意外にも「出向を命ず」で幕となったが、銀行におけるこの「出向」こそ、僕を含めて四十歳を過ぎてからほとんどの行員が味わう「銀行員の哀れな末路」なのである。

「出向」とは、もともと雇用されていた企業を退職せずに雇用契約を維持しつつ、別の企業と新たに雇用契約を結び、その企業の業務に従事することだが、銀行の場合は、二種類の「出向」がある。

ひとつが「在籍出向」で、たとえば融資先の業績が芳しくない時に優秀な行員を派遣し、財務面の改善を行い、業務終了と同時に元の銀行業務に戻ることを言う。そして、もうひとつが、ほとんどの行員が味わう「転籍出向」である。

これは、銀行内の権力闘争や出世競争に敗れた者に対して命じられることが多く、銀行におけるこの「転籍出向」は、いわば島流しなのである。

「転籍出向」とは、もう銀行には戻れない。つまり、銀行員が銀行員でなくなるという絶望の辞令なのだ。

これが、四十歳過ぎても支店長になれなかった多くの者たち、次に、小さな支店長止まりで終わりと判断された者たち、そして、僕のように大支店長を経験しても、役員になれなかった者という順番で次々と「転籍出向」の辞令が渡されていくのである。

したがって、同期入行者が百五十人いても、最終的には、「誰も銀行にいなくなる」わけである。これは、他企業では考えられないことだろう。銀行に就職しながら、四十代でほとんどの者が銀行員でなくなるのだから。

しかも、基本的には「転籍」、即ち、僕で言えば、Ｍ銀行から籍が抜け、出向先のここ日南技工に再就職したという形になっているのだ。まさに、一方通行の片道切符なのである。

では、銀行の転籍先の企業にはどんな会社があるのだろうか。ここで、いちいち社名を公表するわけにもいかないが、基本的には銀行の子会社、孫会社、関連会社などで引き受けるのだが、それで足りるわけもない。したがって、銀行は銀行と長く取引をしている企業に受け皿を頼んでいる。

僕を再雇用してくれたこの日南技工も前社長の時代からＭ銀行がメインバンクであり、お互いに株を持ち合っている関係であった。そのうえで、前任者が定年を迎えたので私が採用されたのだ。もちろん、前任者もＭ銀行の先輩である。

役職は、四十代前半なら経理担当次長あるいは部長代理、四十代後半から五十代はじめで、大型支店長経験者なら監査役か、僕のように役員待遇で迎えてくれる。まあ、どちらにしても、銀行の融資先は山ほどあるし、経理課のない会社はないのだから、銀行員の出向先もその役職に不自由しないのである。そして、すでに先輩たちがその席についているから、その人たちの後釜に入ればすむことなのだ。ちなみに、私の後釜もどうやら後輩の間で決まっているようなのだ。

また、受け入れ先も銀行からの出向者を雇い入れておくことによって、融資の便宜を図ってもらえるので、いわば「人質」をとっているようなものだから、お互い、持ちつ持たれつの関係なのである。

転籍出向は、もう二度と銀行には戻れない島流し――。

「おい、半沢、聞いたか。近藤の出向先、タミヤ電機に決まったぞ」というセリフの持つ「深い」意味がおわかりになっただろうか。近藤は、東京中央銀行のエリート行員でなくなり、残りの人生をタミヤ電機の一社員として送るのだ。

半沢直樹もまた、同じだ。その半沢が果たして東京中央銀行に舞い戻ることができるのか――。普通なら、片道切符の島流しで終わるが、さて、どうなるか、というところが続編の醍醐味なのである。

ちなみに、転籍になると、給料は新たな出向先が支払ってくれるが、かなりダウンする。銀行員は若い頃、他企業と比較して高給取りだが、四十歳を過ぎるとガクッと減ることも付け加えておこう。

あの人は今……

同期の仲間たちのその後を調べていたら、自分の若い頃縁あって知り合った先輩や上司たちが、今どうしているか気になったので、調べを続けた。

その結果、わかったことだけ書いておこう。

まず、僕をM銀行に入行させてくれた大学体育会の先輩は、全国各地の支店を転々としていたが、十数年前に銀行を辞め、お父さんが経営している不動産会社で営業本部長として働いている。僕とは、一年に一、二回連絡を取り合って飲みに行く、よき人生の先輩でもある。

最初に配属された上野支店で言いたいことを言って、課長に睨まれ熊本支店に飛ばされた毒舌の片岡さんも、とっくにM銀行を辞め、東京の「やっちゃ場」（青果市場）で仲買をしていると聞いたことがある。どういう経緯でそうなったのかよくわからないが、市場の仲買は毎日、伝票による多額の決済が必要だから、同じ金銭を扱うにしても「売った、買った」のセリの世界は、彼の性格には合っているかもしれない。

同期で僕が国際部に配属になった時、僕が語学ができないことを本気で心配してくれた小林は、その後、銀行の金で留学し取得したＭＢＡの資格を生かして、三十五歳で企業コンサルタントとして独立した。だが、エリート意識が災いし、顧客であるいくつかの会社と揉め、その後、行方不明である。独立当時、経済雑誌にコラムを持って、国際株について執筆し、経済評論家という肩書を得たのに、残念だ。

　小林で思い出した。僕が本店国際部に勤務することになった時、「ちょっと小耳に挟んだんだけどね。なんでも君は英語がまったくできないんだって？」と馬鹿にした玉川次長はその後、偉くなったのか。

　調べたところ、彼はエリート次長だっただけに、人事部から彼が四十歳の時に広島支店長という、最初の支店長にしてはかなり破格の好待遇の辞令が出たが、彼はそれを断り、有名私大の経済学部の教授になり、今は同大学院の教授で、英語で経済学原論を教えているという。あの時に僕の言った「ただの英語屋さん」という言葉が効いたのかもしれない。大学院の教授で、英語で学生に講義となれば、まさに彼にぴったり。転職ならぬ、天職だ。

　千葉支店で僕が次長時代に課長だった山下は、その後、次長になり、三回ほど支店を転々としたが、恒例の転籍出向で今、ゲーム機器メーカーの経理部長におさまっているらしい。

　偉くなったのは、当時の栗山支店長だ。僕が反社会勢力とのアブナイ交際で掴んだ千葉県の開発計画の情報を使って、ライバルの千葉銀行に先駆けて融資計画を立案し、大成功を収めたことにより、本店人事部長代理、福岡支店長、渋谷支店長を経て、常務取締役にまで出世したのは、前述のごとくだ。

僕が渋谷支店長時代にも、本店常務として面倒をみてくれた。栗山さんは、これまで出会ったどの上司よりも誠実な人で、今は子会社の社長をされているようだが、ことあるごとに「自分がここまで来られたのは、千葉支店時代の加藤直樹のおかげだ」と口にしてくれているのだそうだ。「業績が上がるのは自分の力、下がったのは部下のせい」という上司ばかりいる業界で、部下の業績を讃えるそんな人は珍しい。

それに、僕のほうこそ、感謝しなければならない。こんな無印の駄馬であった僕が、最後の直線で役員候補までいけたのは、役員になった栗山さんが陰に日なたになって、応援してくれたからだと思うからである。

「人生は、誰とどこで出会うかで決まる」というが、栗山さんとの出会いがなければ、今の自分はないかもしれないと思う。

栗山支店長の後釜として、千葉支店長になった東大出の田代支店長は、その後、仙台支店長、新宿支店長を経て、役員待遇まで出世したが、M銀行が関西系の銀行との合併の際、退職したと聞いた。

あと出世したのは、僕が最初の支店長になった中野支店で、一緒に頑張った早慶コンビの中西次長と熊谷課長だ。彼らは、合併後、めでたく中西が埼玉の大宮支店長、熊谷が神奈川の小田原支店の支店長になった。

ふたりとも時々、電話がかかってくるが、あれ以来、飲んでいない。一度、三人でゆっくり飲みたいものだが、忙しい彼らのことだ。時間をとるのは無理だろうと思っている。

それから、これは余談だが、僕には、これまでの人生で関わった人たちを調べているうちに、どうしてもその後が知りたかった先輩がふたりいた。

僕が新入行員時代、腕まくりをさせて、僕の色が白いのを馬鹿にした上野支店の山内課長と、松戸支店で僕のスーツのボタンが外れていると罵倒した西村課長のふたりの「クソ上司」たちだ。

だが、どんなに調べても、その後はわからなかった。まあ、どうでもいいが、僕がこれでＭ銀行の役員にでもなっていたら、きっと、どこかで「あいつは新入行員時代に俺の部下でさあ、できが悪くて、ほんと、手を焼いたよ。偉くなったのは俺のおかげだ」などと言ったにちがいない。

ちなみに、同期の横山を辞めさせ、高林を自殺に追い込んだ立石五郎という元岡山支店長はどうなったか調べてみたら、高林の死後、福岡県の大牟田支店長を最後に、九州の菓子会社の監査役になったが、転籍して数年後、菓子会社の粉飾決算が税務署から指摘され、立石は退職。その後は、不明だった。

そうそう、先日の新聞で、指定暴力団の組長が殺人教唆の疑いで逮捕されたという記事が出ていたが、その組長が川村と書かれていたのが気になった。千葉支店にいた時、「加藤さん、困ったら言ってくれよ。あんたのためなら、人殺しでもなんでもするから」と言った、あの川村でなければいいと思う。川村に脅され、千葉支店から九州に飛ばされた佐々木の消息も不明である。どこかで元気で働いていて、この本を見て、懐かしくなり、連絡でもくれたら嬉しいが……。

最後に、どうしても一文字正之のその後を書かなければならない。

M銀行専務取締役として、事実上の頭取になった彼は、今やその面影はない。なぜなら、僕が転籍をしてしばらくしてから、M銀行が関西系の銀行と合併した。この銀行はとにかく現場主義で、一文字流で言えば、Quantity before Quality、「質より量」、とにかく「理屈などどうでもええねん、この世は金や、金集めてこんかい！」が合言葉の銀行だったから、たまらない。しかも、新頭取の権利をその銀行が握ったから、一文字はあっという間に空気が抜けた風船のようにしぼみ、その後、役員を解任され、福岡に帰ったという話であった。

ついでに、秘書課長だった村上は、取引先だった小さなホテルのフロントで働いていると聞いたが確かではない。崎山絵梨香も一文字、村上と一緒に辞めたそうだが、その消息は不明である。

各銀行から合併による悲劇が伝わってくる。銀行の合併ほど、すさまじいものはない。なぜなら、主導権を奪われた銀行の出身者は、これまで使っていたすべての書類の書き方を主導権側の銀行方式に改めさせられるため、一から勉強のやり直しだ。もちろん、合併後は、ふたつの支店がひとつでいいのだから、支店長になれる確率も半分以下になった。上司がすべて他銀行出身者で、しかも年下だったら、その将来に希望が持てるわけもない。

合併後、同じ町の支店がひとつになった。と、いうことは、僕が頑張ったM銀行千葉支店も、中野支店、渋谷支店も今はマンションになって、その姿が消えた。

僕の思い出も、それに伴って、なくなっていく。

僕はまだ五十代まで銀行員でいられた。ところが多くの同期は、四十代で転籍させられる。

銀行員など、絶対になるものではない――。

まだ僕は現役なのに、すでに、第二の人生がはじまっている。

そうだ。最後に、これだけは伝えておきたい。

先日、剣道の昇段試験で、待望の七段になれた。

そんなことが今の僕の最大の喜びだとすれば、これもまた、銀行員の哀れな末路のひとつかもしれない。

プロデュース◉株式会社ユートピアサービス
装　　幀◉清原一隆（KIYO DESIGN）
編集協力◉松山　久
編　　集◉飯田健之
DTP制作◉株式会社三協美術

なぜ支店長は飛ばされたのか

「半沢直樹のモデル」と噂の元銀行マンの告白

2020年4月13日　第1版第1刷

著　者　加藤直樹
発行者　後藤高志
発行所　株式会社廣済堂出版
〒101-0052　東京都千代田区神田小川町2-3-13　M&Cビル7F
電話　03-6703-0964（編集）
03-6703-0962（販売）
FAX　03-6703-0963（販売）
振替　00180-0-164137
URL　http://www.kosaido-pub.co.jp

印刷所
製本所　株式会社廣済堂

ISBN978-4-331-52287-5　C0095